Klaus W. Hoffmann

Meine beliebtesten Kinderlieder

Musikerlebnisse in Kita, Schule und zu Hause

Impressum

2. Auflage

Herstellung: Books on Demand, Norderstedt
Cover: Shutterstock
Illustrationen: Shutterstock und Fotos von Christine Gitschel

ISBN: 978-3-9822266-9-9

Vorwort

Viele von meinen Kinderliedern sind auf Tonträgern, in Büchern, auf YouTube-Kanälen, im Rundfunk, im Fernsehen (z.B. Sendung mit der Maus) und auf Streaming-Plattformen veröffentlicht worden. Meine beliebtesten Lieder möchte ich in diesem Buch vorstellen. Sie eignen sich hervorragend für das gemeinsame Singen und Spielen im Familienkreis, für Sing- und Spielkreise in der Kita, in Freizeiteinrichtungen, aber auch für den Musikunterricht in der Grundschule.

Meine Spielanregungen zu den ausgewählten Liedern gibt es in zahlreichen Büchern. Einige davon, die ich bei Weiterbildungs-Veranstaltungen für Erzieher*innen, Musikpädagog*innen und bei meinen Kinderkonzerten vorgestellt habe, sind in diesem Buch abgedruckt. Aber Gestaltungsideen von Multiplikator*innen gibt es bisher in Büchern zu meinen Liedern nicht. Tausende haben aber diese Lieder in ihren Einrichtungen bereits gemeinsam mit Kindern gesungen, spielerisch begleitet und nicht nur die Anregungen aus Liederbüchern übernommen, sondern auch eigene Spielideen entwickelt. Mich interessierte, welche. Stellvertretend für sie alle, stellen in diesem Buch meine Tochter, die Schulpädagogin Christine Gitschel und meine Ehefrau, Elke Bannach-Hoffmann, in der Praxis erprobte Spielanregungen vor.

Und letztendlich dürfen in diesem Buch Spielvorschläge der Musikpädagogin Gisela Walter zu einigen meiner Lieder nicht fehlen. Ihre Spielideen und meine Lieder bildeten schon in dem 1983 bei den Ravensburgern erschienenen Liederbuch „Wenn der Elefant in die Disco geht“ eine Einheit. Dieses Buch hat Gisela Walter als Redakteurin begleitet. Einige meiner Lieder und ihre Gestaltungsideen hat sie auch bei ihren Workshops Erzieher*innen und Musikpädagog*innen vorgestellt.

Viel Spaß mit meinen Liedern und den Spielanregungen!

Klaus W. Hoffmann

Inhalt

Tierisches Tanzvergnügen

Wenn der Elefant in die Disco geht

Ich schrieb dieses verrückte Tanzlied Anfang der 1980er Jahre nach einem Familienurlaub auf Lanzarote. In der Hotelanlage fand regelmäßig für den Nachwuchs der Touristen eine Kinder-Disco statt. Einmal hatten die Animateure die Idee, die Kinder als Tiere zu verkleiden und zur Musik tanzen zu lassen.
Im Jahr 1983 nahm ich das Lied dann gemeinsam mit der Rockband Cochise, den Kindern des Chores „Gahmener Spatzen“ und verschiedenen Musikerinnen und Musikern aus meinem Freundeskreis im Hamburger Volksparkstudio auf. Rudi Mika schrieb die Arrangements zu den Liedern, zu denen nicht nur „Wenn der Elefant in die Disco geht“, sondern u.a. auch „Der musikalische Wasserhahn“ gehörten. Die Schallplatte mit dem Titel „Wenn der Elefant in die Disco geht“ wurde 1983 beim Verlag pläne veröffentlicht und erreichte sechsstellige Umsatzzahlen. Der Verlag pläne brachte die Lieder dieses Albums Jahre später auch als MC und CD heraus.
1990 übernahm der Verlag Patmos das Album in sein Programm. Nach verschiedenen Verlagsübernahmen kam es dann in die Backlist von Sauerländer/Argon – ein Label der Verlagsgruppe S. Fischer.
Auch verschiedene Buchveröffentlichungen trugen damals zur Verbreitung des Liedes „Wenn der Elefant in die Disco geht“ und anderer meiner in den 1970er und den 1980er Jahren entstandenen Lieder bei. 1983 erschien es in meinem Buch „Wenn der Elefant in die Disco geht“ bei Ravensburger. Das Buch wurde zum Bestseller und Kinderlieder-Standardwerk in vielen Familien, Kitas und Grundschulen. Großen Anteil hatte daran auch die Musikpädagogin Gisela Walter, die als Redakteurin des Verlags das Buch begleitete und auch die Spielvorschläge zu den Liedern beisteuerte.
Zur Verbreitung des Liedes und vieler anderer meiner „frühen“ Werke

trug auch die Veröffentlichung in dem von Prof. Martin Geck 1986 herausgegebenen „Musikunterrichtswerk für die Grundschule – Singt und spielt“ (Verlag Cornelsen) bei. Dieses Buch enthält sogar einen Bericht über die Tonstudio-Aufnahme von „Wenn der Elefant in die Disco geht“ und über die Pressung zur Schallplatte.
Das Musikunterrichtswerk von Prof. Martin Geck erreichte hohe Auflagen und steigerte den Bekanntheitsgrad meiner Lieder auch unter Musikpädagog*innen.
Vor einigen Jahren entstand eine Fassung des Liedes mit dem Text in englischer Sprache. Der bekannte irische Musiker und Songschreiber Dave Jackson schuf sie. Zu hören ist sie auf YouTube: „When the elephant goes to the discotheque – Dave Jackson und Klaus Neuhaus“.
Gemeinsam mit Klaus Neuhaus habe ich auch das Lied „Wenn der Elefant in die Disco geht“ und zahlreiche andere meiner und seiner Lieder für Alben wie „Mäusefantenpop“ aufgenommen. Gern erinnere ich mich auch an unsere gemeinsamen Konzerte und Auftritte in Rundfunk- und Fernsehsendungen, bei denen auch der hervorragende Steeldrummer und Gitarrist Jürgen Lesker beteiligt war.
Das Lied „Wenn der Elefant in die Disco geht“ entwickelte sich auch zum Hit meiner Kinder- und Familien-Konzerte, die ich mal solo, aber auch, außer mit Klaus Neuhaus und Jürgen Lesker, mit Helga Ruzger, Norbert Denninghaus, Günter Struck und der Schauspielerin Lioba Albus in kleinen und größeren Veranstaltungsstätten durchführte. Einer meiner schönsten Auftritte fand 1990 nach der „Wende“ gemeinsam mit Gerhard Schöne in der Semperoper in Dresden statt.
Wie habe ich das Lied „Wenn der Elefant in die Disco geht“ als Abschluss-Song und Höhepunkt meiner Konzerte inszeniert? Ich bat die Kinder, die Lust hatten, zu meinem Vortrag des Liedes zu tanzen, auf die Bühne.
Sie setzten die besungenen Bewegungen der Tiere einfach in Bewegung um und hatten viel Spaß dabei. War die Bühne nicht groß

genug, tanzten die Kinder auf einer Spielfläche vor ihr oder von ihren Plätzen aus mit.

Das eben schon erwähnte Ravensburger Buch „Wenn der Elefant in die Disco geht“ enthält aber noch einen anderen interessanten Spielvorschlag zum Lied, den die Redakteurin und Lektorin des Buches, Gisela Walter, damals entwickelt hat. Unter „Spielvorschläge zum Lied“ finden Sie ihn – ergänzt durch Vorlagen zum Bau von Tiermasken.

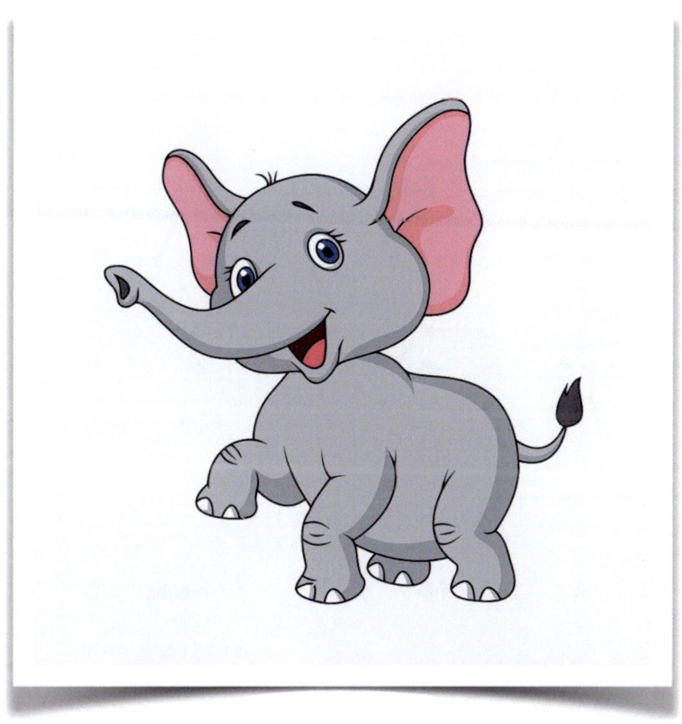

Wenn der Elefant in die Disco geht

Text und Musik: Klaus W. Hoffmann
Musikverlag: Aktive Musik

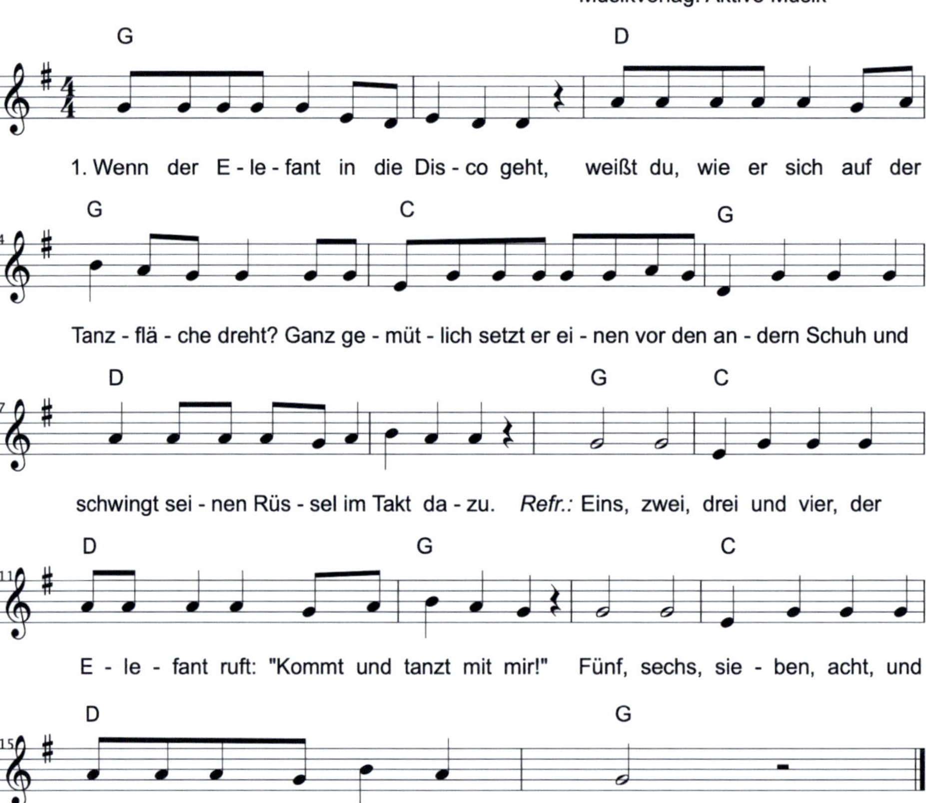

2. Wenn der Bär in die Disco geht,
weißt du, wie er sich auf der Tanzfläche dreht?
Die Vordertatzen hebt er, brummt ganz leis'
und dreht sich langsam um sich selbst im Kreis.

Refrain:
Eins, zwei, drei und vier,
der Bär ruft: „Kommt und tanzt mit mir!“
Fünf, sechs, sieben, acht,
und alle haben mitgemacht.

3. Wenn der Affe in die Disco geht,
weißt du, wie er sich auf der Tanzfläche dreht?
Er baumelt mit den Armen und hüpft ein Stück,
nach links und nach rechts, vor und wieder zurück.

Refrain:
Eins, zwei, drei und vier,
der Affe ruft: „Kommt und tanzt mit mir!“
Fünf, sechs, sieben, acht,
und alle haben mitgemacht.

4. Wenn das Stinktier in die Disco geht,
weißt du, wie es sich auf der Tanzfläche dreht?
Es tanzt sehr gekonnt, und sein angenehmer Duft,
nach französischem Parfüm erfüllt die Luft.

Refrain:
Eins, zwei, drei und vier,
das Stinktier ruft: „Kommt und tanzt mit mir!“
Fünf, sechs, sieben, acht,
und alle haben mitgemacht.

Spielvorschläge zum Lied

Wer geht in die Disco zum Tanzen? Alle Kinder tanzen im Kreis, singen und klatschen dazu. Eins spielt den Elefanten, steht in der Mitte des Kreises und bewegt sich gemächlich im Takt hin und her. Es hebt den linken Arm zum Gesicht hin und fasst sich mit Daumen und Zeigefinger an die Nase. Zwischen Brust und linkem Arm steckt es den rechten Arm und bildet so einen Rüssel.
Beim Refrain tanzen die anderen Kinder mit, und zwar genauso, wie der Elefant vortanzt.
Zur zweiten Strophe stellen sich alle rasch wieder im Kreis auf, tanzen, singen und klatschen.
Jetzt ist der Bär an der Reihe, hebt die Vordertatzen und zeigt, wie er tanzen kann. Zum Refrain tanzen alle Kinder den Bärentanz.
Dann ist der Affe der Vortänzer, und zum Schluss kommt das Stinktier auf die Tanzfläche.

Eine Ergänzung zu diesem Spielvorschlag: Kinder, die als Tiere tanzen, tragen Masken! Nachstehend vier Vorlagen für den Bau der Tiermasken. An ihren Seiten müssen noch Gummibänder befestigt werden, die an den Hinterköpfen der Kinder verknotet werden.

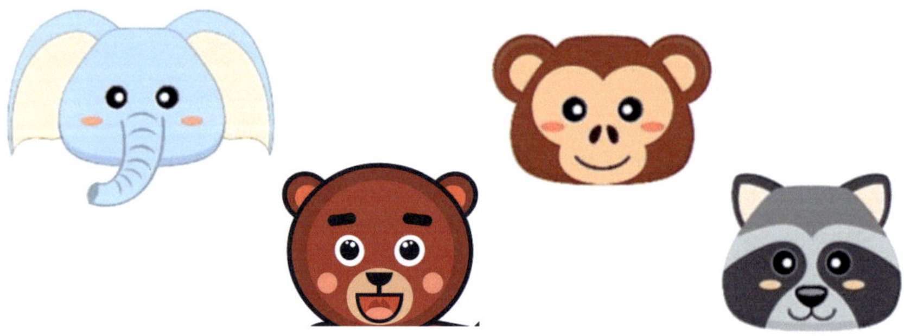

Das lustige Fantasie-Kuscheltier

Der Murmelentenmausefüßler

Das Lied „Der Murmelentenmausefüßler" schrieb ich Anfang der 1980er Jahre. Es erschien 1982 auf meiner dritten LP beim Verlag pläne und ist heute noch eins der Lieder, wie „Das Bärenorchester" und „Das Lied von den Gefühlen", das auf meiner „nichtphysischen" CD „Kinderwelt" zu hören ist. Die wurde vom Label HörNeuMusik, das von meinen Musikerfreunden Martin Hörster und Klaus Neuhaus betrieben wird, für Streaming-Plattformen veröffentlicht. Über Spotify, Apple, Amazon und Deezer kann dieses Lied und auch zahlreiche andere meiner Lieder „gestreamt" werden.

„Der Murmelentenmausefüßler" war jahrelang fester Programmpunkt in meinen Konzerten für Kinder und Familien. Den Kindern hat es immer viel Spaß gemacht, den Zungenbrecher-Refrain des Liedes zu lernen und dann in wechselnden Tempi mitzusingen. Und wenn sie sich dann zum Watschelgang formierten, steigerte das zusätzliche Nachahmen der Bewegungen und der Geräusche des Fantasietieres den Unterhaltungswert des Liedes noch mehr.

Mitte der 1980er Jahre kam ein Redakteur der „Sendung mit der Maus" zu einem meiner Konzerte und fragte mich, ob er die Lieder meines Programms mit einem Rekorder aufnehmen dürfe. Ich stimmte zu und erlebte nach dem Konzert einen begeisterten Redakteur, der eine Auswahl meiner gesungenen Lieder treffen wollte, um sie für mehrere Folgen der „Sendung mit der Maus" als Zeichenfilme gestalten zu lassen. Die Aufnahmen meiner im Konzert gesungenen Lieder wurden dafür durch Aufnahmen von meinen Tonträgern ersetzt.

Unter „Spielvorschläge zum Lied" finden Sie Anregungen für ein Bewegungsspiel von Gisela Walter und ein praxiserprobtes Malspiel, das meine Tochter Christine Gitschel als Schulpädagogin mit den Kindern in einer Dortmunder Grundschule durchgeführt hat.

Der Murmelentenmausefüßler

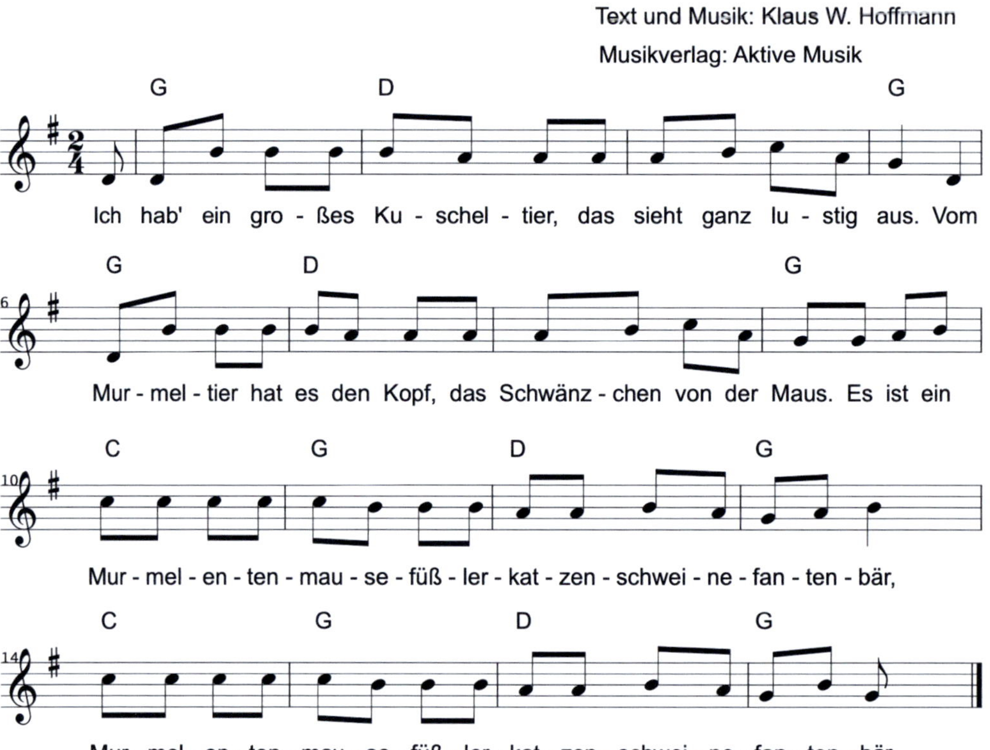

2. Sein Körper ist behaart und lang, mit zwanzig Beinen dran.
   Das Tier schleicht wie ‘ne Katze, und es bellt, so gut es kann.
   Es ist ein Murmelentenmausefüßlerkatzenschweinefantenbär,
   Murmelentenmausefüßlerkatzenschweinefantenbär.

3. Und wenn das Tier in Stimmung ist, dann ruft es: „Spiel doch mit!“
Es grunzt und quiekt und tanzt dabei im Elefantenschritt.
Es ist ein Murmelentenmausefüßlerkatzenschweinefantenbär,
Murmelentenmausefüßlerkatzenschweinefantenbär.

4. Dann hüpft es wie ein Frosch durchs Gras und kräht dabei ganz laut,
dass selbst der Kirchturm-Wetterhahn verblüfft herunterschaut.
Es ist ein Murmelentenmausefüßlerkatzenschweinefantenbär,
Murmelentenmausefüßlerkatzenschweinefantenbär.

5. Wie ein dressierter Zirkusbär, so tanzt das Tier daher,
trompetet wie ein Elefant, das fällt ihm gar nicht schwer.
Es ist ein Murmelentenmausefüßlerkatzenschweinefantenbär,
Murmelentenmausefüßlerkatzenschweinefantenbär.

6. Dann geht mein großes Kuscheltier im Watschelentengang,
miaut und brummt und pfeift dazu noch viele Stunden lang.
Es ist ein Murmelentenmausefüßlerkatzenschweinefantenbär,
Murmelentenmausefüßlerkatzenschweinefantenbär.

7. Am Abend schläft das müde Tier in meinem Bett gleich ein.
Mein Bett ist dreißig Meter lang, da passt es mit hinein.
Es ist ein Murmelentenmausefüßlerkatzenschweinefantenbär,
Murmelentenmausefüßlerkatzenschweinefantenbär.

Spielvorschläge zum Lied

Tanzlied mit Musik

Haben die Kinder schon einmal einen Murmelentenmausefüßler-katzenschweinefantenbär gesehen oder diesen lustigen Namen gehört? Welche Tiere sind denn in dem Mausefüßler versteckt?
Die Kinder nennen die Tiernamen, die sie heraushören, also : Murmeltier, Ente, Maus, Katze, Schwein, Elefant, Bär.
Wer kann den langen Namen schon aussprechen? Alle Kinder probieren es, erst langsam, dann immer schneller. Das ist ein Spaß, der oft in einem Kichern und Lachen endet.
Am besten geht das Namenlernen des Murmelentenmausefüßler-katzenschweinefantenbärs, wenn die Kinder im Sprechrhythmus dazu klatschen oder stampfen. Nach ein paar Wiederholungen gehen die Kinder sogar mit großen Schritten im Sprechrhythmus des Namens durch den Raum.
Sobald die Kinder den Zungenbrecher-Namen schnell aufsagen können, geht es so weiter: Einer liest die Strophen des Liedes wie einen Erzähltext vor, und beim Refrain „Es ist ein Murmelenten-mausefüßler ..." rufen oder singen und stampfen alle Kinder mit.
Beim Spielen des Tanzliedes singt eine kleine Gruppe alle Strophen, die andern Kinder gehen langsam und leise im Raum umher und hören zu. Sobald der Refrain beginnt „Es ist ein Murmel ..." singen alle Kinder lauthals mit, rennen aufeinander zu, stellen sich hintereinander auf, halten sich jeweils an den Schultern des vorderen Kindes fest und stapfen im Gleichschritt als Riesenschlange durch den Raum.
Wenn die Singgruppe die nächste Strophe singt, wird die Schlange schnell aufgelöst. Alle Kinder gehen wieder allein im Raum umher und hören zu. Aber Achtung, gleich beginnt wieder der Refrain, dann heißt es losrennen, sich schnell in die Schlange einreihen und im Gleichschritt als Murmelentenmausefüßlerkatzenschweinefantenbär losmarschieren.

Bei der letzten Strophe spielen die Kinder zum Schluss das schlafende Tier. Sie lassen sich müde fallen, legen sich auf den Boden, kuscheln zusammen und schnarchen auch ein bisschen als Murmelentenmausefüßlerkatzenschweinefantenbär.

Malspiel

In einer größeren Kindergruppe kann das Lied gemeinsam gesungen werden. Dabei sollen die Kinder die verschiedenen Tiere, die in dem Murmelentenmausefüßler vorkommen, heraushören und benennen. Was erfahren wir noch über das Tier? Wie bewegt es sich? Welche Laute macht es? Gibt es noch Informationen über sein Aussehen? Nachdem wir die Strophen genau besprochen haben, üben wir den Namen des Quatschtieres:
Murmelentenmausefüßlerkatzenschweinefantenbär.
Dann verteile ich eine Malvorlage, welche die Umrisse eines Körperteils des Tieres darstellt. Die Kinder sollen kreativ werden und nach dieser Malvorlage einen Teil des Quatschtieres farbig gestalten.

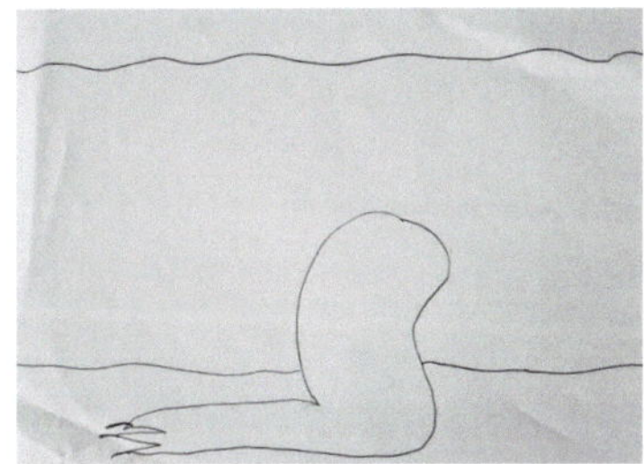

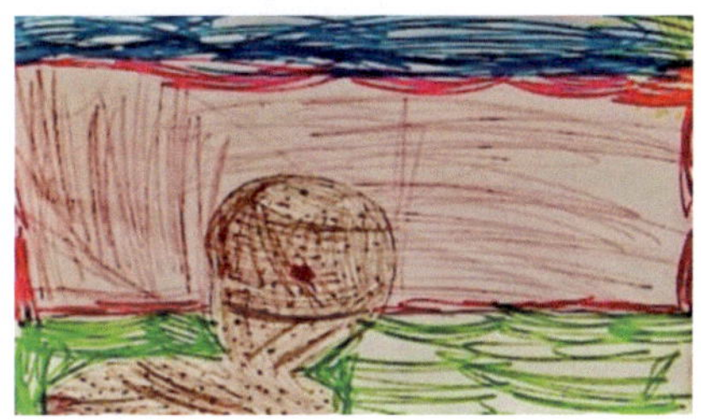

Zwei Kinder erhalten keine Malvorlage. Eins soll den Kopf, das andere das Hinterteil mit Schwanz malen. Während der kreativen Auseinandersetzung mit dem möglichen Aussehen des Tieres kommen die Kinder oft auf lustige Ideen, welche Tiere noch mit

einfließen könnten. Dann bekommt das Tier zum Beispiel noch Drachenflügel oder einen Entenschnabel.
Wenn alle Kinder fertig sind, kleben wir die DIN A 4 Blätter mit den Körperteilen des Quatschtiers aneinander. So entsteht ein sehr langes Tier, an dem jedes Kind mitgewirkt hat.

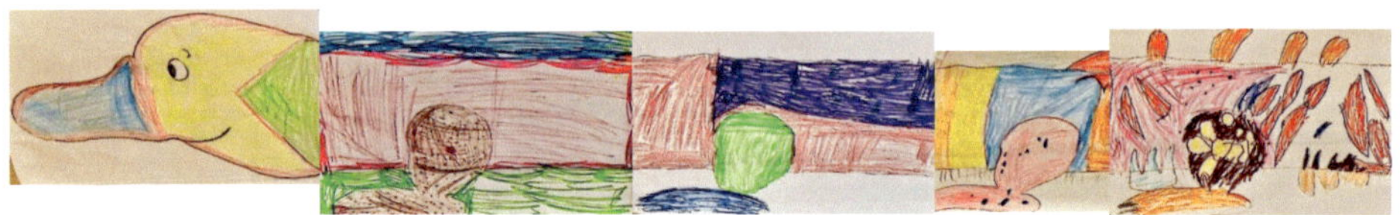

Es muss noch ein geeigneter Platz für den Murmelentenmausefüßler gefunden werden. Vielleicht der Flur? Alle helfen mit, dass das Gemeinschaftskunstwerk einen guten Platz findet.

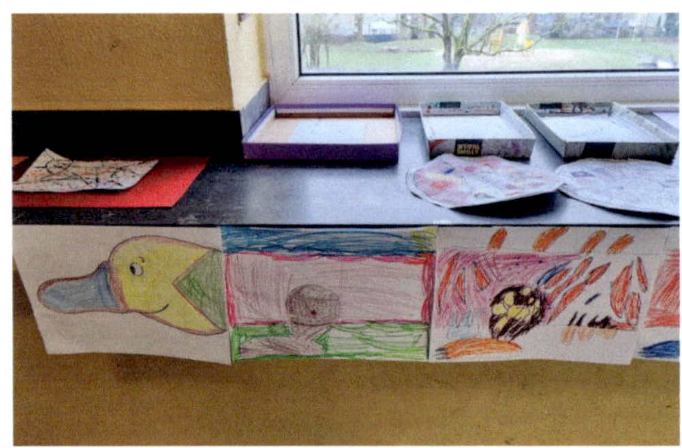

Nun können wir das fertige Tier gemeinsam betrachten. Die Kinder nennen die Tiere, die sie zuvor im Liedtext gehört haben und die sie nun gemalt haben oder auf dem Bild wiederfinden. Es werden auch die Tiere benannt die noch dazu erfunden wurden.
Zum Abschluss wird noch einmal das Lied gesungen. Der Zungenbrecher klappt nun schon viel besser …

Ein tolles Orchester

Das Bärenorchester

Das Lied „Das Bärenorchester“ schrieb ich Anfang der 1980er Jahre. Es erschien, wie schon erwähnt, auch 1982 auf meiner dritten LP beim Verlag pläne und ist heute noch eins der Lieder meiner „nichtphysischen“ CD „Kinderwelt“.
Auch „Das Bärenorchester“ wurde als Zeichenfilm für die „Sendung mit der Maus“ aufgenommen und häufig gesendet.
Das Lied war fester Bestandteil meiner Konzerte in den 1980er Jahren. Die Instrumente, welche die kleinen Bären im Lied spielen, erklärte ich den anwesenden Kindern und ließ sie von ihnen pantomimisch darstellen.
Diese Spielanregung hat Gisela Walter für mein 1983 bei den Ravensburgern erschienenes Buch „Wenn der Elefant in die Disco geht“ weiterentwickelt. Sie finden es unter „Spielvorschläge zum Lied“.

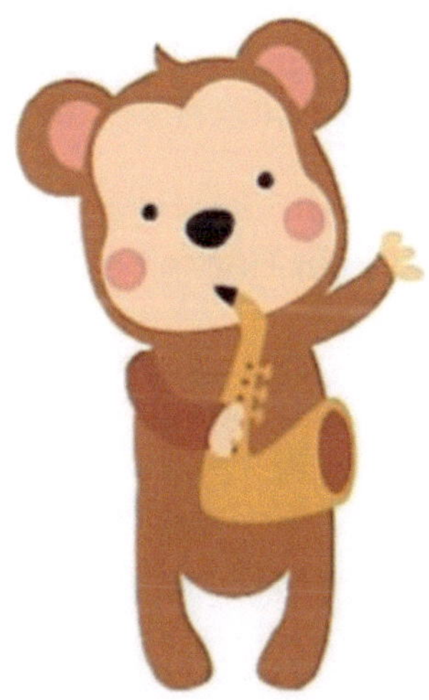

Das Bärenorchester

Text und Musik: Klaus W. Hoffmann
Musikverlag: Aktive Musik

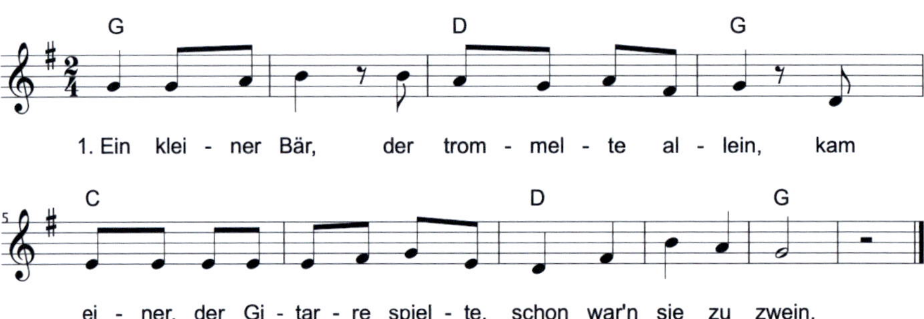

2. Zwei kleine Bären, die nahmen einen mit,
   der blies die Mundharmonika, da waren sie zu dritt.

3. Drei kleine Bären, die tranken Honigbier,
   kam einer mit ‘nem Saxofon, da waren sie schon vier.

4. Vier kleine Bären, die hatten sehr viel Spaß.
   Als fünfter kam ein kleiner Bär mit einem Kontrabass.

5. Fünf kleine Bären, die trafen unterwegs
   ‘nen Bären, der die Flöte spielte, und schon war’n sie sechs.

6. Sechs kleine Bären sind sechs nicht geblieben,
   kam einer, der die Tuba blies, da waren sie schon sieben.

7. Sieben kleine Bären, die haben sich gedacht:
   Noch einer fehlt, und das bist du, dann sind wir nämlich acht.

Spielvorschläge zum Lied

Alle Kinder sind im Raum verteilt, sitzen auf dem Boden und singen. Bei der ersten Strophe geht ein Kind als Bär um die Sänger herum und tut so, als würde es trommeln. Dann tippt es einem anderen Kind auf die Schulter, und das spielt nun den zweiten Bären. Es spielt auch nur pantomimisch auf seinem Instrument – diesmal ist es die Gitarre – und wandert hinter dem ersten Bären her. Bei der zweiten Strophe tippt der Bär wieder einem Kind auf die Schulter. Das ist der dritte Bär, der Mundharmonika spielt. Alle drei Bären gehen kreuz und quer durch den Raum. Bei jeder Strophe schließt sich ein neuer Bär dem Bärenorchester an – so, wie es im Liedtext erzählt wird.

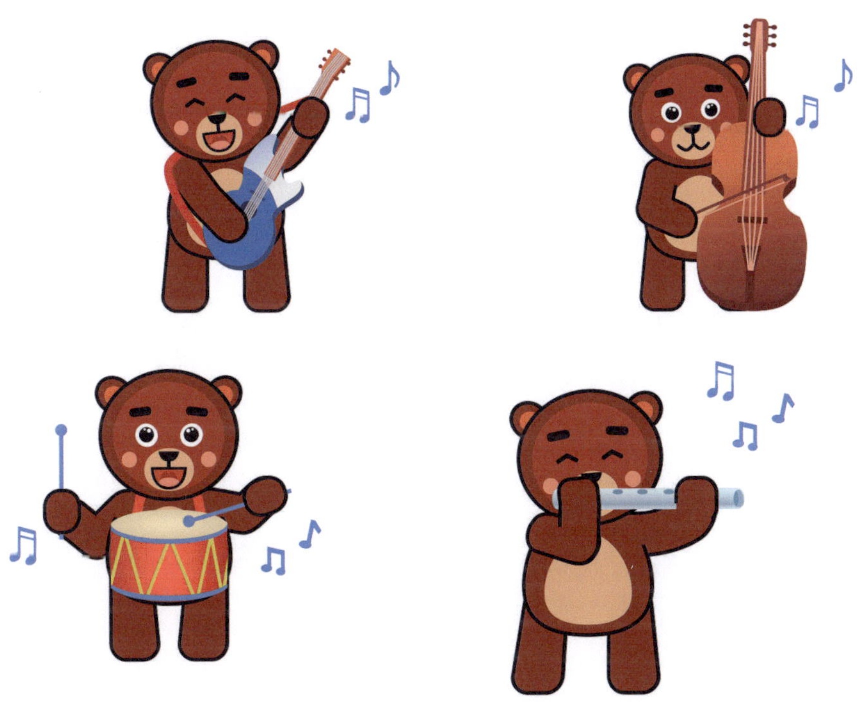

Ein weiterer Spielvorschlag zum Lied: Die Kinder, die das Bärenorchester pantomimisch darstellen, tragen Masken. Nachstehend eine Vorlage für die Bärenmaske. An den Seiten werden wieder Gummibänder befestigt, die hinter den Köpfen der Kinder verknotet werden.

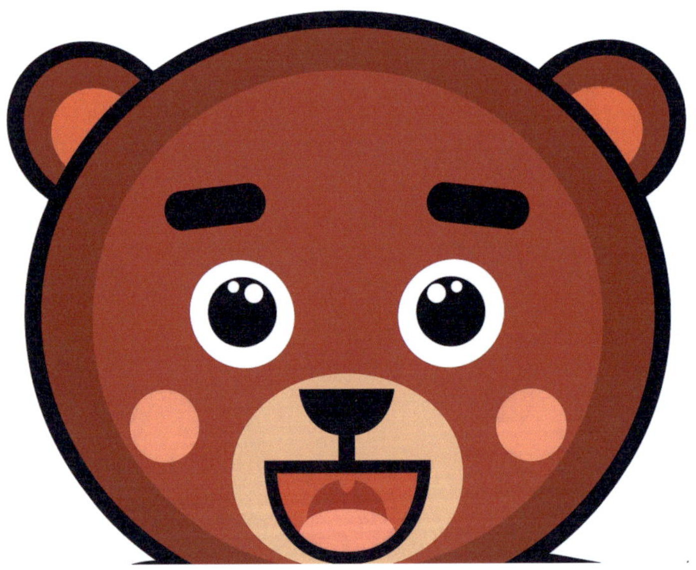

Wenn Küchensachen Musik machen

Der musikalische Wasserhahn

Anfang der 1980er Jahre habe ich mir nicht nur mit Instrumenten spielende Bären ausgedacht und in Liedern besungen – auch Küchensachen, die einen tropfenden Wasserhahn musikalisch begleiten.
Das Lied „Der musikalische Wasserhahn" erschien im Jahr 1983 im Buch „Wenn der Elefant in die Disco geht" bei den Ravensburgern und auf dem gleichnamigen Album beim Verlag pläne, das ja heute noch in der Backlist von Argon angeboten wird. Die Melodie des Liedes habe ich damals gemeinsam mit Rudi Mika geschrieben, der auch zahlreiche meiner Alben als Produzent, Musiker und Arrangeur begleitet hat. An diese Zusammenarbeit erinnere ich mich gern.
Auch „gestreamt" werden kann das Lied, denn es wird auf dem Album „Kinderwelt" von HörNeuMusik angeboten.
Das Lied wurde auch zu bewegten Bildern in die „Sendung mit der Maus" eingebaut. Diese bewegten Bilder hat die Kölner Redaktion damals mit Computer-Animation gestaltet.
Das Lied „Der musikalische Wasserhahn" war jahrelang ein Highlight meiner Konzerte für Kinder. Vielleicht erinnern sich noch manche Erwachsene daran, wie sie damals als Kinder dieses von mir gesungene Lied auf der Bühne mit Küchensachen begleitet haben. Da ließ ein Kind den Wasserhahn tropfen und andere Kinder machten mit den Küchensachen, die im Lied besungen werden, Percussion. Ein Kind durfte in der letzten Strophe als Klempner mit Werkzeug den Wasserhahn reparieren und so zum Schweigen bringen.
Eine interessante Spielanregung hat Gisela Walter für die Veröffentlichung des Liedes im Ravensburger Buch „Wenn der Elefant in die Disco geht" kreiert. Sie finden sie unter „Spielvorschlag zum Lied".

Der musikalische Wasserhahn

Text: Klaus W. Hoffmann
Musik: Klaus W. Hoffmann/Rudi Mika
Musikverlag: Aktive Musik

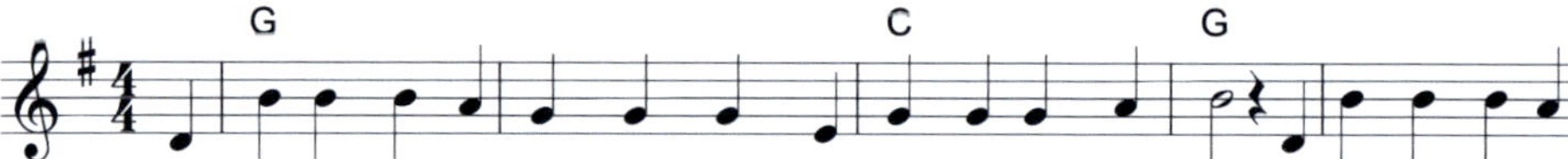

1. Es war ein - mal ein Was - ser - hahn, der tropf - te pau - sen - los, und je - der, der ihn

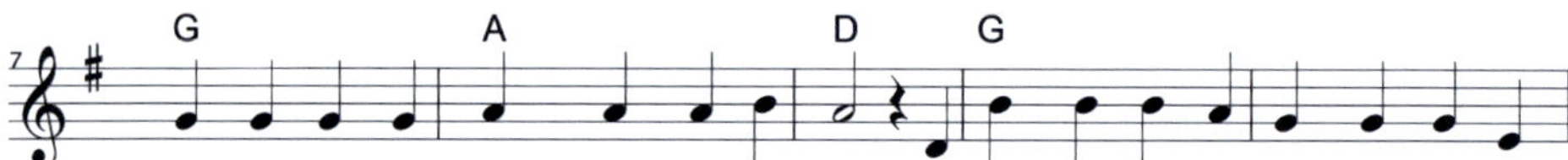

hör - te, fand den Rhyth - mus ganz fa - mos. Er tropf - te nicht nur ein - fach so, wie's

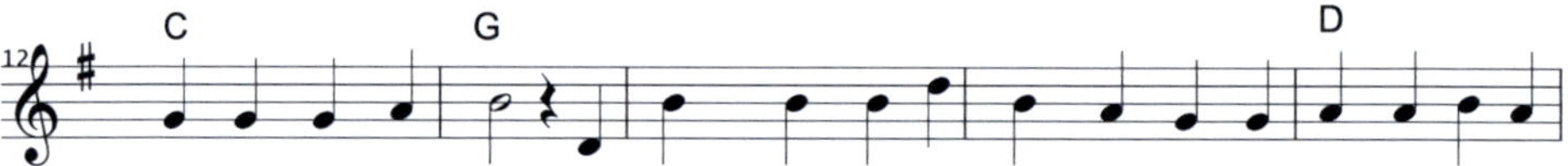

je - der Hahn ver - steht, sein Rhyth - mus war voll Swing und Pep und Mu - si - ka - li -

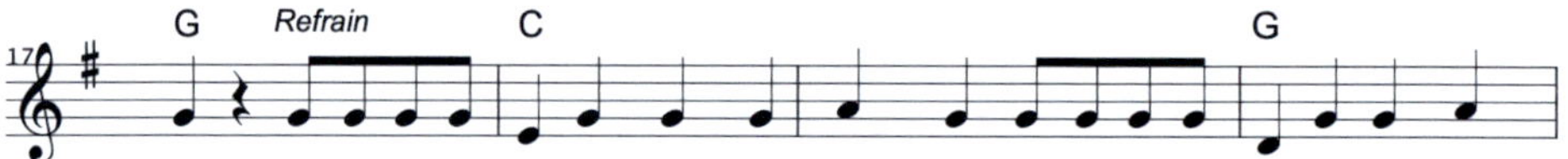

tät. Ti - pi - ti - pi tup tup tropft' der Rhyth - mus, ti - pi - ti - pi tup tup im - mer -

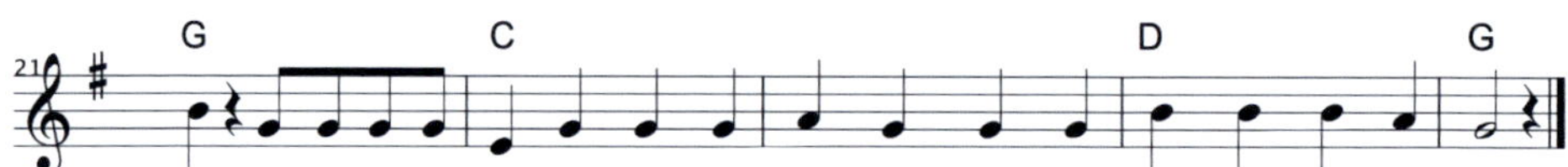

zu. Ti - pi - ti - pi tup tup tup, der Was - ser - hahn gab ein - fach kei - ne Ruh'.

2. Die Tassen applaudierten, und das Handtuch rief entzückt:
„Dein Rhythmus, lieber Wasserhahn, klingt ja total verrückt!"
Die Messer und die Gabeln tanzten quietschvergnügt umher,
und auch dem alten Suppentopf gefiel der Rhythmus sehr.

Refrain:
Tipitipi tup tup tropft' der Rhythmus, tipitipi tup tup, immerzu.
Tipitipi tup tup tup, der Wasserhahn gab einfach keine Ruh'.

3. Der Flötenkessel tanzte mit und pfiff die Melodie,
die Teller klapperten im Takt mit sehr viel Fantasie.
Die Töpfe schepperten im Schrank, die Gläser klirrten leis',
der Abfalleimer rülpste laut und drehte sich im Kreis.

Refrain

4. Da sprach die alte Küchenuhr, dass ihr der Takt gefällt
und hat ihr Ticken auf den Wasserrhythmus umgestellt.
Auf einmal war es mäuschenstill, der Klempner kam herein.
Der Wasserhahn wurd' repariert und ließ das Tropfen sein.

Neuer Refrain:
Tipitipi tup tup träumt der Wasserhahn, so träumt er immerzu.
Tipitipi tup tup träumt der Wasserhahn und findet keine Ruh'

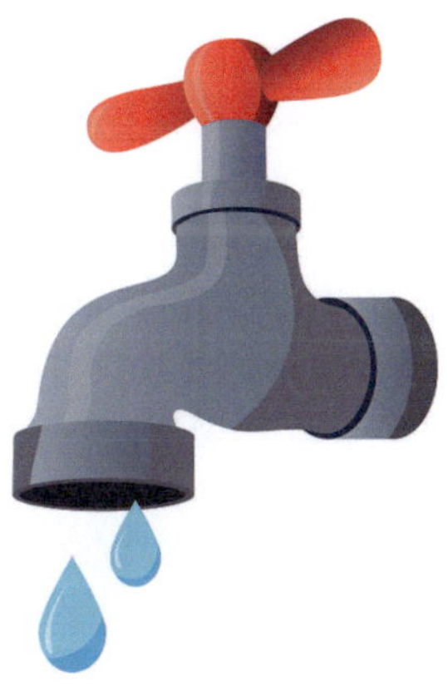

Spielvorschlag zum Lied

Wir veranstalten ein Küchenkonzert. Dazu nehmen wir selbstgebastelte Instrumente oder die Orff'schen Instrumente. Welches Instrument kann am besten den tropfenden Wasserhahn nachmachen? Vielleicht ein Klangholz, eine Holzblocktrommel oder eine Röhrentrommel – oder alle zusammen?
Die Musik des tropfenden Wasserhahns wird ein gleichmäßiges, rhythmisches Klopfen sein, das während des ganzen Liedes gespielt wird. Nun suchen wir weitere Klänge: Was passt am besten zu den applaudierenden Tassen und den anderen Küchensachen?
Alle Musikinstrumente, die zur Verfügung stehen, werden ausprobiert, denn jedes Kind sollte bei diesem Lied mit einem Instrument mitspielen können.
Wer die Orff'schen Instrumente einsetzen möchte – hier der Vorschlag dazu:
Tassen = Rasseln, Kastagnetten
Handtuch = mit der Handfläche über das Fell einer Trommel streichen
Messer/Gabeln = Schellen, Glocken
Suppentopf = Becken
Flötenkessel = Trillerpfeife
Teller = Röhrentrommel, Cymbeln
Töpfe = Becken, Schellentrommeln
Gläser = Triangel, Glocken
Abfalleimer = Glissander auf Xylophon
Küchenuhr = große Trommeln, Holzblocktrommeln
Alle Kinder singen das Lied. Die Instrumente werden nur bei den entsprechenden Textstellen eingesetzt. Jeder Spieler kann selbst einen freien Begleitrhythmus dazu erfinden. Beim Refrain spielen alle Instrumente im Rhythmus des tropfenden Wasserhahns mit.
Was passiert in der letzten Strophe? Wie klingt es, wenn der Wasserhahn nur noch träumt?

Empfindungen zeigen

Das Lied von den Gefühlen

Dieses Lied stammt auch schon aus der frühen Phase meines Schaffens als Liedermacher. 1982 schrieb ich es und veröffentlichte es beim Verlag pläne auf meinem Album „Das Bärenorchester". „Das Lied von den Gefühlen" wurde 1995 mit neuem Arrangement auf der CD „Lass uns kuscheln" beim Label Igel Records veröffentlicht. 2002 dann bei Igel Records auf meinem Album „Kinderwelt – Ohrwürmer und Kinderhits".
Seit der Übernahme des Labels durch die Verlagsgruppe Oetinger werden die eben erwähnten „physischen" CDs nicht mehr angeboten. „Gestreamt" werden können die Lieder meines Albums „Kinderwelt" aber noch, denn es wird vom Dortmunder Label HörNeuMusik für Streaming-Plattformen angeboten. Von dieser „nichtphysischen" CD können auch einzelne Lieder, wie „Das Lied von den Gefühlen", z.B. bei Amazon als Downloads gekauft werden. Das Lied wurde auch 1995 in meinem zur gleichnamigen CD erschienenen Liederbuch „Lass uns kuscheln" (Igel Records) veröffentlicht. Dieses Buch enthält zahlreiche meiner Lieder vom Mutigsein, von der Angst, von der Freude und von zärtlichen Gefühlen. Es wird derzeit noch von der Verlagsgruppe Oetinger angeboten.
In den 1980er Jahren war das Lied von den Gefühlen auch Bestandteil meines Konzertprogramms. Die zuschauenden und zuhörenden Kinder habe ich animiert, die unterschiedlichen Gefühle der einzelnen Strophen zum Ausdruck zu bringen, was sie auch begeistert taten.
Das Lied wurde 1983 in meinem Liederbuch „Wenn der Elefant in die Disco geht" mit einer Spielidee von Gisela Walter veröffentlicht. Sie finden sie unter „Spielvorschlag zum Lied".

Das Lied von den Gefühlen

Text und Musik: Klaus W. Hoffmann

Musikverlag: Aktive Musik

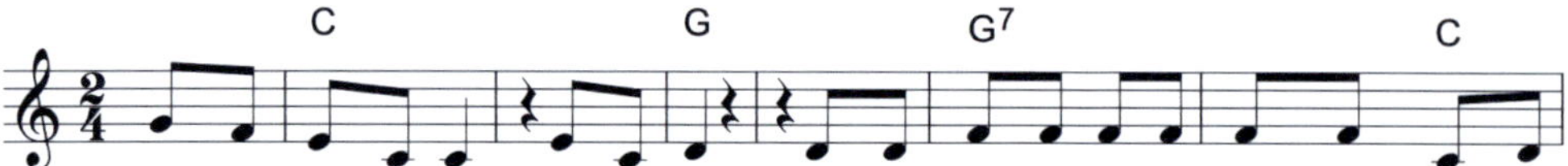

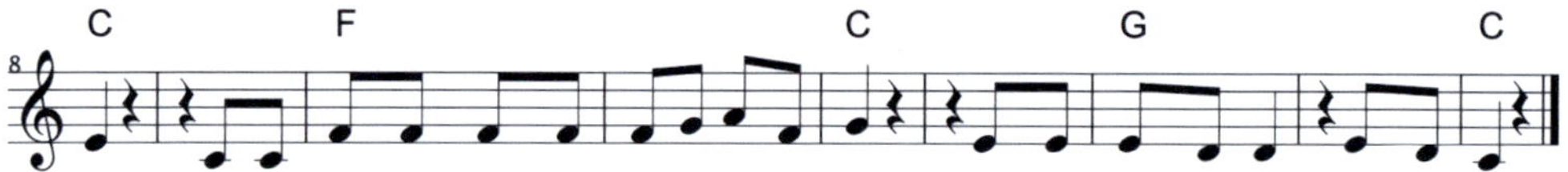

2. Wenn ich wütend bin, sag ich dir
ja, dann stampf und brüll ich wie ein wilder Stier.
Solche Sachen kommen mir so in den Sinn,
wenn ich wütend bin, wütend bin.

3. Wenn ich albern bin, fällt mir ein,
ja, dann quiek ich manchmal wie ein kleines Schwein.
Solche Sachen kommen mir so in den Sinn,
wenn ich albern bin, albern bin.

4. Wenn ich traurig bin, stell dir vor,
ja, dann heul ich wie ein Hofhund vor dem Tor.
Solche Sachen kommen mir so in den Sinn,
wenn ich traurig bin, traurig bin.

5. Wenn ich fröhlich bin, hör mal zu,
ja, dann pfeif ich wie ein bunter Kakadu.
Solche Sachen kommen mir so in den Sinn,
wenn ich fröhlich bin, fröhlich bin.

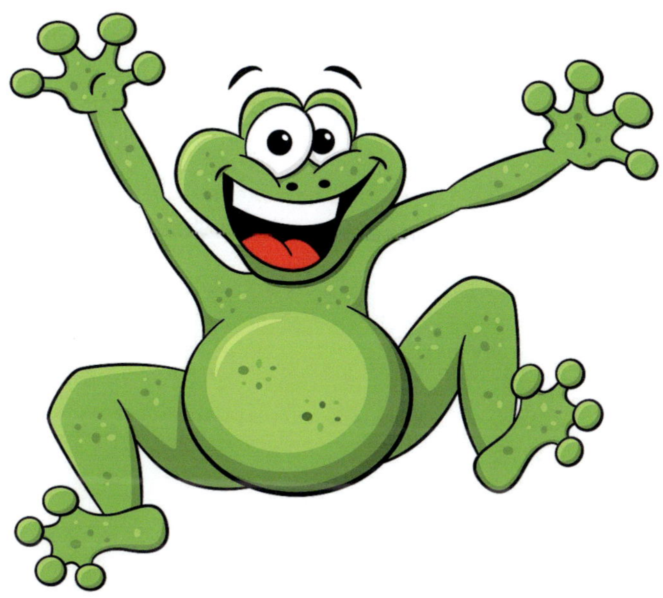

Spielvorschlag zum Lied

Seine Gefühle sollte man nicht immer verbergen. Jeder ist mal glücklich und mal traurig, nicht nur Kinder, auch Erwachsene. Die Menschen verhalten sich ganz unterschiedlich, wenn sie zum Beispiel glücklich sind: Die einen machen lachend einen Luftsprung, die anderen klatschen begeistert in die Hände, und wieder andere sind still und strahlen über das ganze Gesicht oder weinen vor Glück. Wenn jemand traurig oder wütend ist, hat er wiederum eine ganz andere Mimik oder Gestik.
Im Lied „Das Lied von den Gefühlen" erzählt ein Kind, wie es seine Gefühle zum Ausdruck bringt. Dabei geniert es sich auch nicht, wie ein kleines Schwein zu quieken oder wie ein Hofhund zu heulen. Hier stelle ich ein Spiel vor, bei dem solche Gefühle erraten und dargestellt werden sollen. Das geht so: Ein Kind denkt sich ein Gefühl aus: Freude, Wut oder Trauer … usw. Ohne Worte, nur mit Gesichtsausdruck und Körperhaltung, soll es dieses Gefühl vor den anderen Kindern darstellen. Wer hat richtig geraten? Woran hat das Kind das Gefühl erkannt?

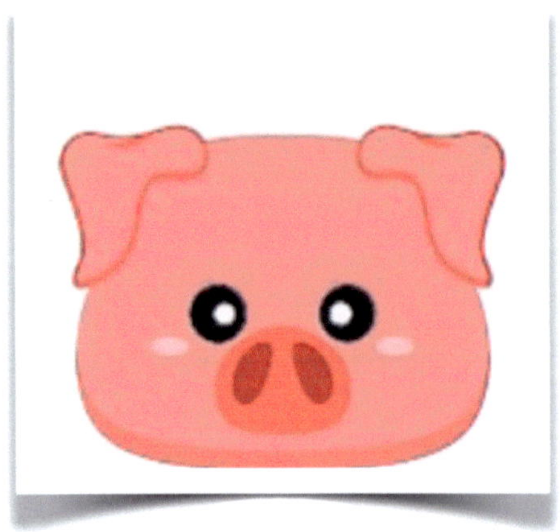

Unheimliche Geräusche

Das Lied von der Angst in der Nacht

In diesem Lied geht es um ein unangenehmes Gefühl: Angst! Nachts, wenn man still und ruhig im Bett liegt und vielleicht vor sich hinträumt, können Schatten plötzlich zu Gespenstern und normale Geräusche zu unheimlichen Klängen werden. Das Gefühl der Angst ist eine Reaktion auf Gefahr. Sie warnt uns vor möglichen Risiken. Jedes Kind kennt diese Stimmung und weiß von eigenen Erlebnissen dieser Art zu berichten.

Ich habe das Lied von der Angst in der Nacht 1983 geschrieben. 1995 wurde es auf der CD „Lass uns kuscheln“ beim Label Igel Records veröffentlicht. Bei diesem Label erschien es auch 2002 auf meinem Album „Kinderwelt – Ohrwürmer und Kinderhits“. Diese „physische“ CD wird von Igel Records nicht mehr angeboten, seit das Label von der Verlagsgruppe Oetinger übernommen wurde. „Gestreamt“ werden können die Lieder aber noch, denn das Album wird vom Dortmunder Label HörNeuMusik für Streaming-Plattformen angeboten. Von dieser „nichtphysischen“ CD können natürlich auch einzelne Lieder, wie „Das Lied von der Angst in der Nacht“, bei Amazon als Downloads gekauft werden.

Das Lied wurde auch 1995 in das Liederbuch „Lass uns kuscheln“ (Igel Records) aufgenommen. Das Buch wird derzeit, wie bereits erwähnt, noch von der Verlagsgruppe Oetinger angeboten. „Das Lied von der Angst in der Nacht“ wurde aber bereits 1983 in meinem Ravensburger Liederbuch „Wenn der Elefant in die Disco geht“ veröffentlicht. Gisela Walter schrieb dazu eine Spielidee, die die Gewitter-Musik-Begleitung des Liedes mit Orff’schen Instrumenten vorsieht. Sie finden sie unter „Spielvorschlag zum Lied“.

Das Lied von der Angst in der Nacht

Text und Musik: Klaus W. Hoffmann
Musikverlag: Aktive Musik

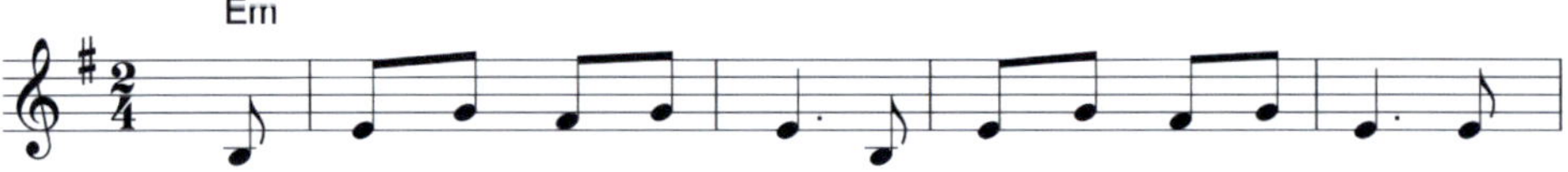

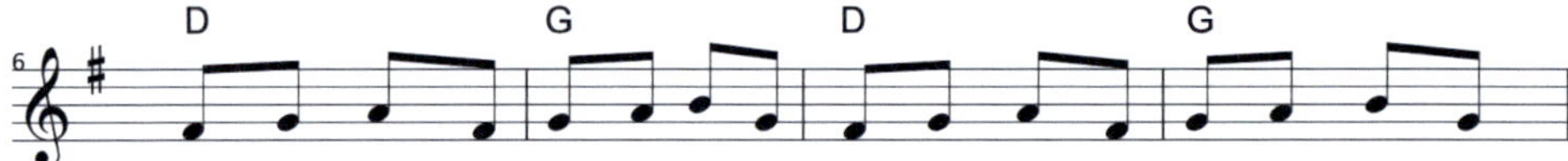

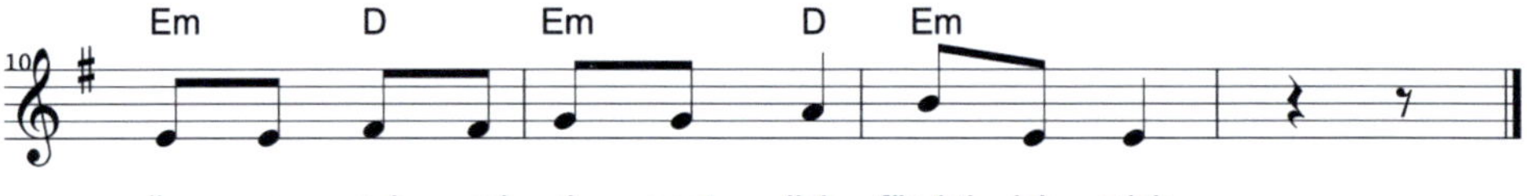

2. Es knackt, es zischt und scharrt,
es knistert, schlägt und knarrt.
Es zuckt ein Blitz mit hellem Licht,
ein Donner rollt, ein Ast zerbricht.
Ich liege wach, und eigentlich
fürcht' ich mich.

3. Ein warmer Regen fällt,
zu Wasser wird die Welt.
Der Regen prasselt auf das Dach,
er rauscht und plätschert, wie ein Bach.
Ich liege wach, und eigentlich
fürcht' ich mich.

4. Vor Angst hab' ich heut' Nacht
   kein Auge zugemacht.
   Die Turmuhr schlägt gerade vier,
   komm, kuschel dich ins Bett zu mir
   mit deinem Teddybär,
   dann fürcht' ich mich nicht mehr.

Spielvorschlag zum Lied

Sicher ist es für alle Kinder interessant, eine Gespenstermusik – es ist auch eine Gewittermusik – zum Lied von der Angst in der Nacht zu erfinden. Hier ein Vorschlag zur Auswahl der Instrumente:

Pfeifen des Windes = Tonpfeife, Okarina, über einen Flaschenhals blasen
Rütteln an den Fensterscheiben = Klanghölzer, Klappern
Knacken, Zischen, Scharren = auf Trommelfell mit den Fingern kratzen, klopfen und streichen
Knistern, Knarren = Papier zerreißen und zerknüllen
Blitz zuckt = Triangel, hohe Töne auf dem Glockenspiel
Donner rollt = Trommel, Pauke
Regen fällt = Klanghölzer, Holzblocktrommel, Röhrentrommel, tiefe Töne auf dem Xylophon
Regen prasselt = Rasseln
Rauschen, Plätschern = Knarren, Rätschen

Und so können die Kinder das Lied begleiten: Zuerst wird untereinander abgesprochen, wer an welcher Stelle des Liedes mit seinem Instrument einsetzt. Der Liedtext gibt hier eine Orientierung. Das Blasen des Windes zum Beispiel wird solange gespielt, wie in der ersten Strophe davon gesungen wird. Danach spielen die Klanghölzer das Klappern der Fensterscheiben … usw.

Man kann mit den Instrumenten nach dem Einsatz auch weiterspielen bis zum Schluss des Liedes, so, dass die Musik immer stärker wird. Doch in der vierten Strophe muss die Gespenstermusik anders klingen. Vielleicht wird sie dann immer leiser, oder ein Instrument nach dem anderen setzt aus, bis zuletzt nur noch leise Regentropfen zu hören sind.

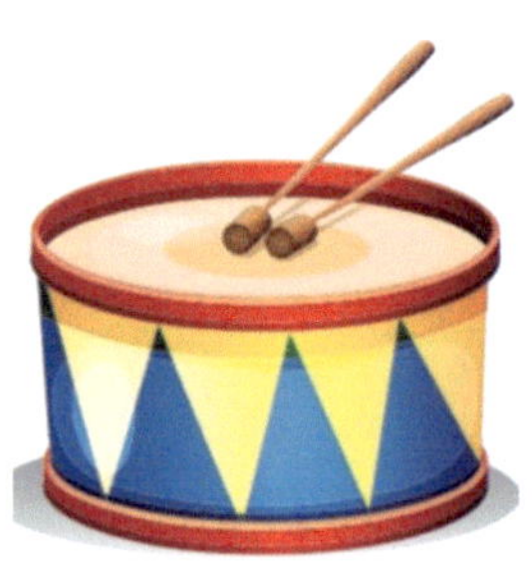

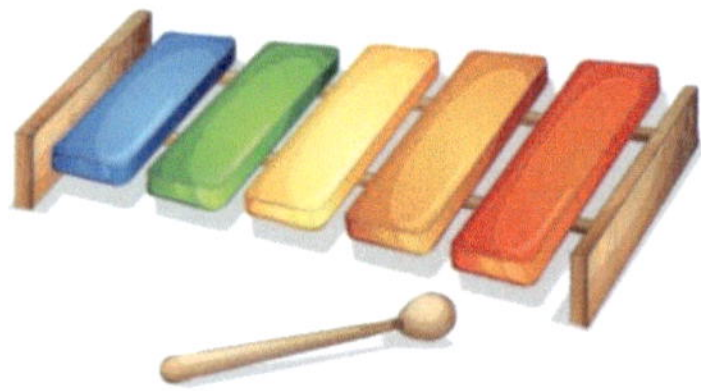

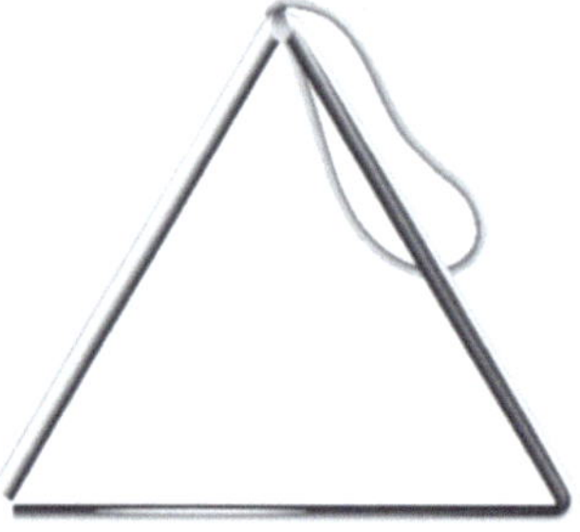

Buntgemischt

Das Lied vom Anderssein

Das Lied vom Anderssein schrieb ich Ende der 1970er Jahre. Der Text bezieht sich auf meine Beobachtung von Menschen, die zu Gruppen gehören, die sich anderen gegenüber abschotten. Manche Kinder machen solche Erfahrungen, wenn sie die Schulklasse wechseln. Häufig erleben sie ein „Land der Blaukarierten“, manchmal aber auch ein „Land der Buntgemischten“.
1982 wurde das von mir gesungene Lied vom Anderssein auf der LP „Das Bärenorchester“ veröffentlicht. Später habe ich Versionen mit anderen Arrangements für verschiedene Alben aufgenommen. „Gestreamt“ werden kann es heute immer noch, denn auch das Lied vom Anderssein wird vom Label HörNeuMusik auf der „nichtphysischen“ CD „Kinderwelt“ für Streaming-Plattformen angeboten
Auf Youtube sind zahlreiche Filme zu sehen, in denen das Lied von Kinderchören gesungen und meist auch sein Inhalt von verkleideten Kindern szenisch dargestellt wird. Eine szenische Darstellung des Liedes wird auch in einem sehr gelungener Trickfilm mit beweglichen Knetfiguren gezeigt. Dazu ist die Audio-Version des Liedes zu hören.
Das Lied vom Anderssein wurde auch 1983 in meinem Liederbuch „Wenn der Elefant in die Disco geht“ veröffentlicht. Gisela Walter schrieb dazu eine Spielidee, die ein Singspiel mit Kindern vorsieht, welche die Farbwesen durch vorher bemalte T-Shirts darstellen. Sie finden diese Spielidee unter „1. Spielvorschlag zum Lied“.
Unter „2. Spielvorschlag zum Lied“ gibt es noch eine weitere Spielidee, die meine Frau, Elke Bannach-Hoffmann, zum Lied vom Anderssein entwickelt und gemeinsam mit mir vor Jahren bei einem Stadtteilfest in Monheim in die Praxis umgesetzt hat.

Das Lied vom Anderssein

Text und Musik: Klaus W. Hoffmann

Musikverlag: Aktive Musik

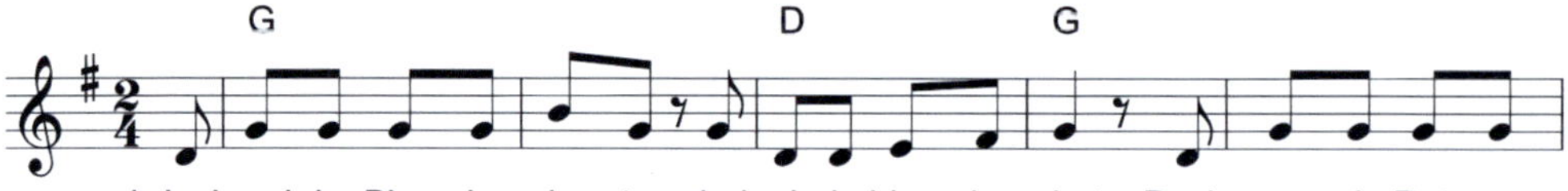

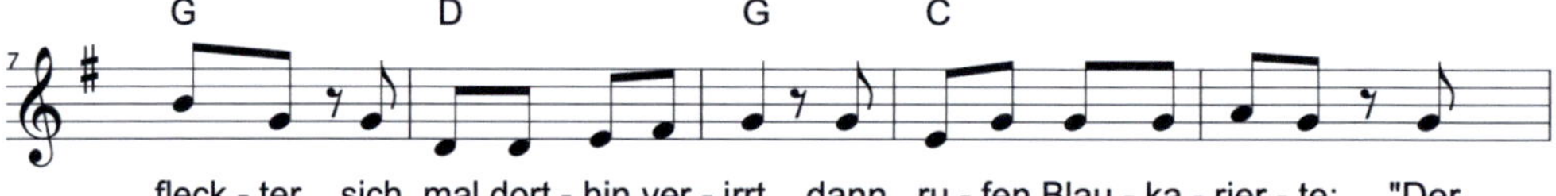

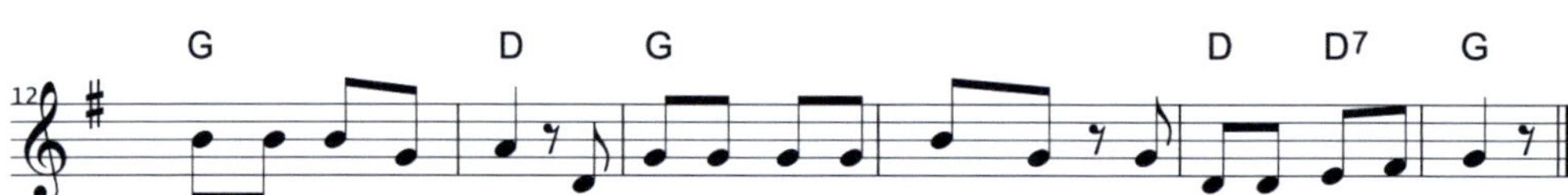

2. Im Land der Rotgefleckten
   sind alle rotgefleckt.
   Doch wird ein Grüngestreifter
   in diesem Land entdeckt,
   dann rufen Rotgefleckte:
   „Der passt zu uns doch nicht!
   Er soll von hier verschwinden,
   der grüngestreifte Wicht!“

3. Im Land der Grüngestreiften
   sind alle grüngestreift.
   Doch wenn ein Blaukarierter
   so etwas nicht begreift,
   dann rufen Grüngestreifte:
   „Der passt zu uns doch nicht!
   Er soll von hier verschwinden,
   der blaukarierte Wicht!“

4. Im Land der Buntgemischten
   sind alle buntgemischt.
   Und wenn ein Gelbgetupfter
   das bunte Land auffrischt,
   dann rufen Buntgemischte:
   "Willkommen hier im Land!
   Hier kannst du mit uns leben,
   wir reichen dir die Hand!"

1. Spielvorschlag zum Lied

Das Lied vom Anderssein stimmt nachdenklich. Benehmen sich manche Leute nicht auch wie die Blaukarierten? Vielleicht sollte man zuerst über den Inhalt des Liedes sprechen und über das, was es aussagen möchte.
So kann man es spielen:
Jedes Kind bringt ein altes weißes T-Shirt mit. Man bildet drei Gruppen, und die Kinder jeder Gruppe färben oder bemalen ihr Hemd – entweder mit blauen Karos, roten Flecken oder grünen Streifen. Eins muss der Gelbgetupfte sein und sein T-Shirt entsprechend anmalen.

Die Gruppe der Blaukarierten bildet einen Kreis. Sie singt die erste Strophe und tanzt um einen Rotgefleckten, der schüchtern in der Mitte steht. Am Schluss dieser Strophe flüchtet er zum Kreis der Rotgefleckten. Dort steht in der Mitte jetzt ein Grüngestreifter, der dann rasch in seinen Kreis flieht ... usw.
Nach der dritten Strophe gehen, hüpfen und springen alle Kinder der drei Gruppen kreuz und quer im Raum umher und bilden dann rasch den Kreis der Buntgemischten. Dann wird die vierte Strophe gesungen und der Gelbgetupfte, der zuerst allein in der Mitte stand, wird in den großen Kreis aufgenommen.

2. Spielvorschlag zum Lied

Während eines Stadtteilfestes in Monheim leitete ich einen Workshop für Kinder – teils multikultureller Herkunft. Sie konnten vorher aufgeblasene weiße Luftballons blaukariert, rotgefleckt, grüngestreift und gelbgetupft bemalen. Zum Bemalen verwendeten wir Textmarker. Anschließend befestigten wir sie mit Bändern an Laternenstäben.

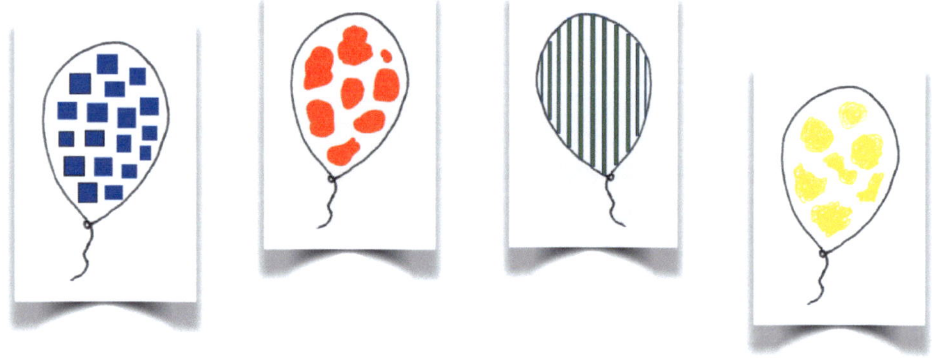

Tiere im Winter

Winterschlaf

1981 während meiner ersten Norwegen-Reise, entdeckte ich in einer Osloer Buchhandlung ein Liederbuch mit traditionellen skandinavischen Kinderliedern. Eins dieser Lieder erzählt von Tieren, die ihren Winterschlaf halten und sich dabei von Geräuschen nicht stören lassen. Ich habe dieses Lied und andere Lieder des Buches von einem Nachbarn, der lange in Skandinavien gelebt hatte, ins Deutsche übersetzen lassen und dann Nachdichtungen geschrieben. Eine MC mit diesen Liedern konnte ich 1989 unter dem Titel „Fjorde, Jul und Smorrebrod“ beim Verlag pläne veröffentlichen.
1991 erschien das Lied „Winterschlaf“ auf der CD „Mäusefantenpop 1“, die ich gemeinsam mit Klaus Neuhaus aufgenommen und bei Patmos veröffentlicht habe. Dieses Album enthielt eine Auswahl seiner und meiner Lieder. Die Textversion des Liedes „Winterschlaf“ unterschied sich von den vorher veröffentlichten Versionen dadurch, dass ich nur den Igel und nicht auch die anderen schlafenden Tiere vorgestellt habe.
1995 war das Lied „Winterschlaf“ eins der Lieder, die Igel Records unter dem Album-Titel „Lass uns kuscheln“ herausbrachte. 1998 wurde es dann auch in dem Igel-Buch „Lass uns kuscheln“, das heute noch von der Verlagsgruppe Oetinger angeboten wird, veröffentlicht.
Ich freue mich ganz besonders darüber, dass dieses Lied auch in Deutschland eine große Verbreitung gefunden hat und häufig im Familienkreis und von Erzieher*innen sowie Musikpädagog*innen mit Kindern gesungen wird.
Gisela Walter hat Spielideen zum Lied entwickelt. Sie finden sie unter: „Spielvorschläge zum Lied“.

Winterschlaf

Text (Nachdichtung): Klaus W. Hoffmann
Musik: norw. trad.
Musikverlag: Aktive Musik

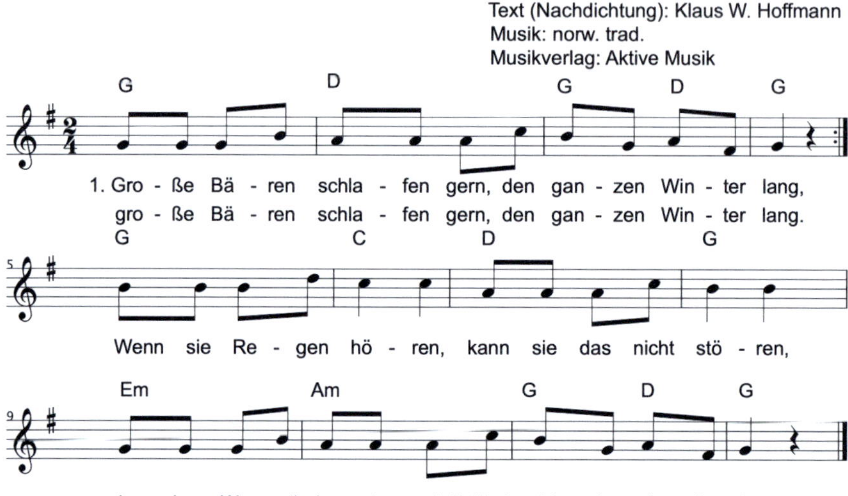

2. Kleine Igel schlafen gern, den ganzen Winter lang,
kleine Igel schlafen gern, den ganzen Winter lang.
Wenn sie Sturmwind hören …

3. Siebenschläfer schlafen gern, den ganzen Winter lang,
Siebenschläfer schlafen gern, den ganzen Winter lang.
Wenn sie Donner hören …

4. Murmeltiere schlafen gern, den ganzen Winter lang,
Murmeltiere schlafen gern, den ganzen Winter lang.
Wenn sie Schritte hören …

Spielvorschläge zum Lied

Singen, spielen und Geräusche machen

Wie sehen sie aus, die Bären, Igel, Siebenschläfer und Murmeltiere? Warum schlafen sie im Winter? Die Kinder erzählen, was sie wissen, Fotos und Sachinformationen ergänzen das Wissen.
Zur Vorbereitung des Liederspiels spielen die Kinder die Tiere.
Sie sind die Bären, tapsen müde umher und verkriechen sich schließlich unter einer Decke oder einem großen Tuch zum Winterschlaf.
Sie sind die Igel, die neugierig in alle Ecken schauen und nach einem geeigneten Schlafplatz suchen. Eine andere Decke liegt bereit, die Igelkinder schlüpfen darunter und stellen sich auf den Winterschlaf ein.
Sie sind die Siebenschläfer, huschen umher und verstecken sich schließlich unter einer weiteren Decke – das ist ihr Erdloch.
Sie sind die Murmeltiere, schauen sich aufmerksam um und eilen dann in ihren Erd-Tunnel – verschwinden unter einer Decke.
Wenn bei diesem Spiel nicht alle Kinder unter die Decken passen, kuscheln sich einige einfach von außen her an.
Die Kinder überlegen, mit welchen Geräuschen sie den Regen, den Sturm, den Donner und die Schritte nachahmen können.
Hier einige Beispiele zum Ausprobieren:
Regen = Rasseln benutzen oder mit zwei oder drei Fingern auf die Innenfläche der anderen Hand schlagen
Sturmwind = mit dem Mund kräftig blasen und auch Heulgeräusche machen – Sturmwindgeräusche können auch durch das Blasen über einen Flaschenhals oder mit Heulschläuchen imitiert werden
Donner = kräftig mit den Füßen trampeln und wenn vorhanden, auf eine Pauke oder eine große Trommel schlagen
Schritte = auf der Stelle gehen

Die Kinder werden in drei Gruppen eingeteilt. Die einen sind die Tiere, die anderen die Sänger und die dritten die Musikanten.
Die „Tierkinder" entscheiden sich jeweils für ein Tier und schlüpfen unter die Decken ihrer Winterschlafquartiere. Die beiden anderen Gruppen wählen im Raum eine geeignete Stelle aus; wo sie gut zu hören sind.
Die Sing-Gruppe beginnt. Sobald sie die zweite Notenzeile des Liedes singt, setzt jeweils ein Musikant ein und spielt das Geräusch dazu. Und die Tiere, von denen in den Strophen gesungen wird, strecken ihre Köpfe unter ihrer Decke hervor, blinzeln, gähnen und verkriechen sich wieder.
Sogar die Sänger werden bei den letzten beiden Takten des Liedes schläfrig, singen immer langsamer und schließen beim Schlusston ihre Augen.

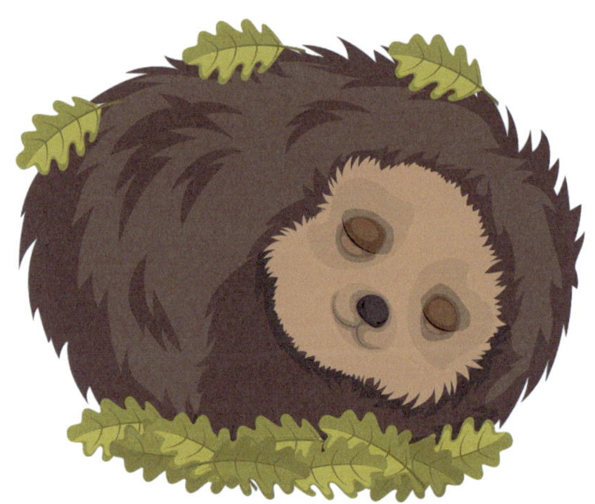

Vom wasserscheuen kleinen Pinguin

Pingi Pongo

Das Lied von Pingi Pongo, dem kleinen wasserscheuen Pinguin, schrieb ich 2017, angeregt durch zwei Videos über Pinguine, die ich mir auf YouTube angeschaut hatte. In dem einen wurde ein kleiner Pinguin vorgestellt, den eine Tierpflegerin mit dem Fläschchen aufgezogen hatte. Der wollte aber, nachdem er sein Kleinkind-Fell abgelegt hatte, nicht, wie die anderen Pinguine, in das Wasserbecken. Im zweiten Video wurden Pinguine aus einem Schweizer Zoo vorgestellt. Sie durften an einem kalten Wintertag über die Wege laufen und sich unter die Besucher mischen. Ein Pinguin war dabei, der watschelte viel schneller als die anderen.
Ich dachte: Das ist Pingi Pongo, den die anderen auslachten, weil er nicht ins Wasser wollte, der aber schneller laufen konnte, als sie.
Im Jahr 2017 nahm ich das Lied „Pingi Pongo“ im Tonstudio meines Musikerfreundes Martin Hörster in Dortmund für das gleichnamige Album auf. Er und Klaus Neuhaus unterstützten mich musikalisch bei dieser Aufnahme und den Aufnahmen der anderen Lieder dieser „nichtphysischen“ CD. Das Album erschien 2017 bei HörNeuMusik und wird seitdem über Streaming-Plattformen angeboten.
Im Jahr 2020 lud mich Bettina Scheer, die Herausgeberin der Zeitschrift „Musik in der Kita“, ein, über Zoom eine Art „Wohnzimmer-Konzert“ für die Abonnenten der Zeitschrift in der Liedermacher-Reihe „Hautnah“ zu geben. Ich stimmte gern zu und sang u.a. auch das Lied „Pingi Pongo“. Eine zugeschaltete Erzieherin stellte danach zum Lied einige interessante Spielideen vor.
Eine Spielidee zum Lied hatte sich auch meine Frau, Elke Bannach-Hoffmann, schon nach der erstmaligen CD-Veröffentlichung ausgedacht und setzte sie später, während meiner musikalischen Lesungen in Grundschulen, in die Praxis um. Details unter „Spielvorschläge zum Lied“.

Pingi Pongo

Text und Musik: Klaus W. Hoffmann
Musikverlag Elba

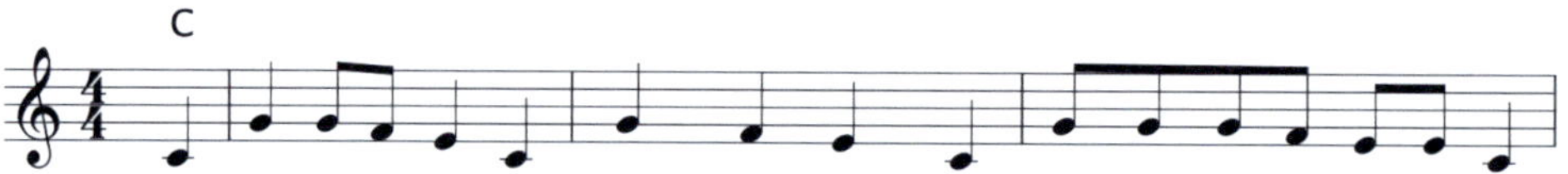

1. Wenn Pin-gu-in-kin-der schwim-men geh'n, dann sieht man im-mer ei-nen am

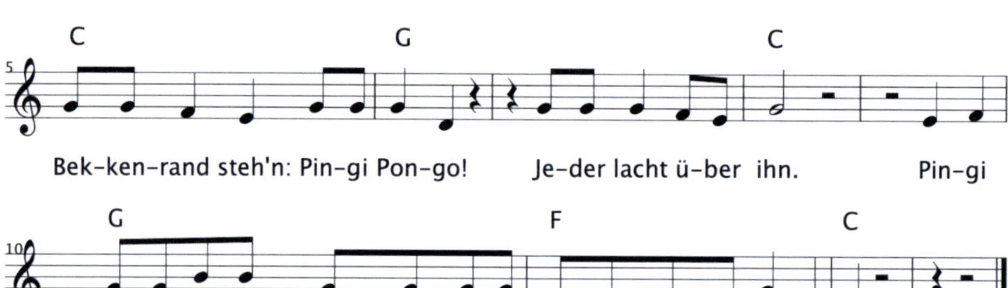

Pon-go will nicht schwim-men, ist ein was-ser-scheu-er Pin-gu-in.

2. Wenn Pinguinkinder tauchen geh'n,
   dann sieht man immer einen am Beckenrand steh'n:
   Pingi Pongo! Jeder lacht über ihn.
   Pingi Pongo will nicht tauchen, ist ein wasserscheuer Pinguin.

3. Wenn Pinguinkinder spazieren geh'n,
   dann ist einer dabei, der lässt alle steh'n:
   Pingi Pongo! Keiner lacht über ihn.
   Pingi Pongo ist der schnellste – der wasserscheue Pinguin.

Spielvorschläge zum Lied

Bastelanleitung für Pinguin-Masken

Weißes Papier wird in Form eines Mund-Nasenschutzes ausgeschnitten. Der rechte und der linke Rand werden um einen Gummiring (Fadengummi – große Gummiringe) gelegt und festgeklebt. Zeichnen Sie dann den schwarzen Bereich und den Umriss des Schnabels der Masken vor. Die Kinder können diese Bereiche mit Farbstiften ausmalen.

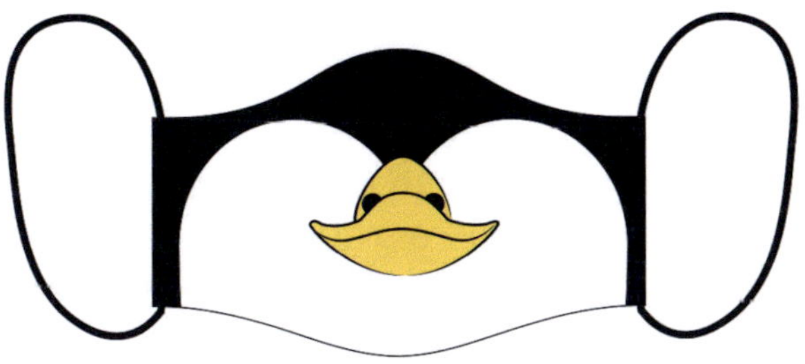

Bastelanleitung für Pinguin-Flügel

Wir brauchen zwei Bogen schwarzen Tonkarton und Gummibänder. Legen Sie die Bogen aufeinander. Dann zeichnen Sie die Flügelform nach dem Muster der linken Abbildung auf den Karton, und schneiden Sie sie aus. Bohren Sie in jeden Flügel vier Löcher, durch die sie die Gummibänder ziehen und außen verknoten müssen. Durch diese Schlaufen stecken die Kinder, zur Begleitung des Pinguin-Spiellieds, ihre Arme.

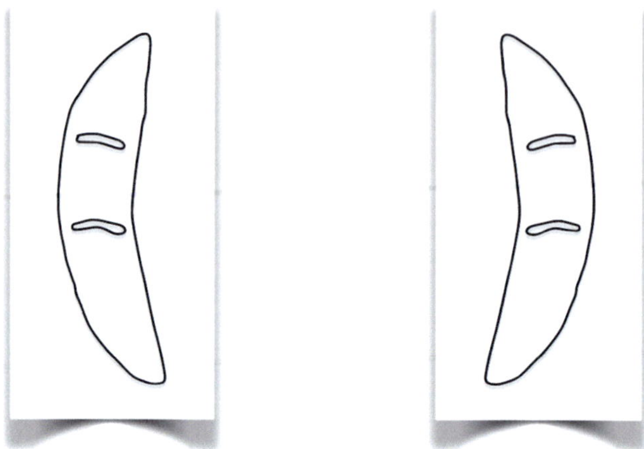

Bastelanleitung für Pinguin-Flügel

Die Kinder legen ihre Pinguinmasken und die Pinguinflügel an. Anschließend stellen sie sich im Kreis auf. Der Kreis bildet den Rand des Wasserbeckens für die Pinguine. Ein Kind wird von der Spielleiterin bzw. dem Spielleiter ausgewählt, um Pingi Pongo darzustellen. Zu Beginn der ersten Strophe treten alle Kinder in den Kreis. Pingi Pongo bleibt am Beckenrand stehen und läuft mit kleinen Schritten hin und her. Alle Kinder singen die erste Strophe und führen mit den Armen Schwimmbewegungen aus. Sie bleiben im Kreis und begleiten die zweite Strophe mit Tauchbewegungen. Dazu heben sie die Arme über den Kopf, legen die Hände aneinander und beugen den Oberkörper wiederholt nach vorn. Pingi Pongo steht immer noch am Beckenrand und läuft mit kleinen Schritten hin und her.
Während der dritten Strophe wird Pingi Pongo zum Anführer der Pinguine. Alle Kinder laufen im Watschelgang hinter Pingi Pongo her. Man kann das Lied mehrmals singen, sodass auch andere Kinder einmal in die Rolle des Pingi Pongo schlüpfen können.

Autor und Co-Autorinnen

Klaus W. Hoffmann

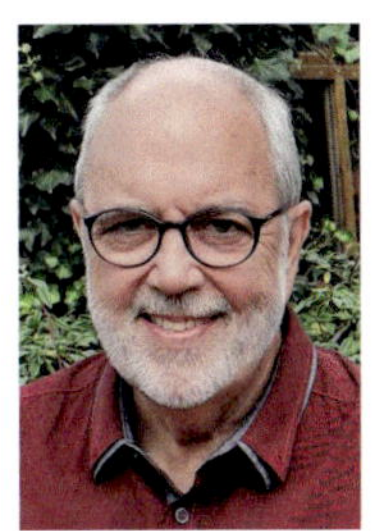

Geb. 1947 in Dortmund, studierte BWL, danach berufliche Tätigkeit als EDV-Organisator. Von 1974 bis 1981 arbeitete er nebenberuflich als Liedermacher und Autor – ab 1981 freiberuflich. Für einige Kinderlied-Alben erhielt er den Deutschen Schallplattenpreis der Fachkritik. Klaus W. Hoffmann schrieb auch zahlreiche musikpädagogische und erzählende Bücher für Kinder, Jugendliche und Erwachsene. Er lebt seit 2010 zusammen mit seiner Frau in Sandersdorf-Brehna – ist Mitglied der Gema, der VG Musikedition, des PEN, des VS, der VG Wort und des FBK.

Elke Bannach-Hoffmann

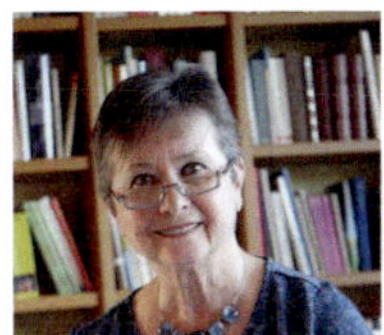

Geb. 1949 in Bockum-Hövel, war etliche Jahre als Marketing- und Vertriebsleiterin für Fachverlage tätig. Von 2000 bis 2013 arbeitete sie als gerichtlich bestellte Betreuerin. Ein Studium an der Uni Dortmund schloss sie als „Referentin für Frauenfragen in Kultur, Gesellschaft und Politik" ab. Seit 2010 lebt sie zusammen mit ihrem Mann in Sandersdorf-Brehna und schreibt Kinder- und Jugendbücher, Lyrik und Satiren. 2020 gründete Elke Bannach-Hoffmann den Musikverlag Elba. Sie ist Mitglied im PEN, im VS, in der VG Wort, im FBK und im Kulturwerk deutscher Schriftsteller Sachsen-Anhalt e.V.

Christine Gitschel

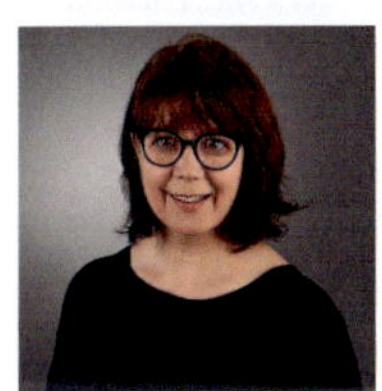

Geb. 1973 in Dortmund, war nach dem Abitur und der Ausbildung an einer Fachschule für Erzieherinnen in dem Beruf tätig. Christine Gitschel absolvierte ein Studium an der Uni Dortmund, schloss es als Dipl.-Pädagogin ab und war danach beruflich in Leitungsteams von Kinder- und Jugendhilfeeinrichtungen tätig. Derzeit arbeitet sie als Sozialpädagogin in einer Dortmunder Grundschule.

Gisela Walter

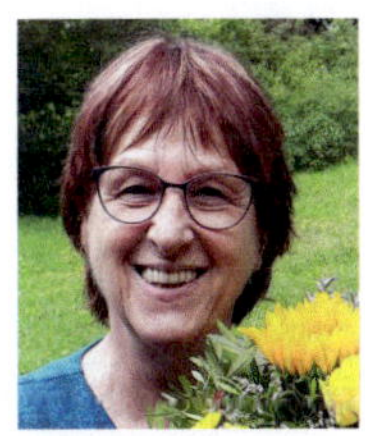

Geb. 1948 in Stuttgart, studierte an der Pädagogischen Hochschule Ludwigsburg (1. Staatsexamen, Musik und Deutsch), danach an der Universität Tübingen (Dipl. Pädagogik und Psychologie), lehrte an einer Fachschule für Sozialpädagogik, arbeitete als Redakteurin in einem Kinder- und Jugendbuchverlag und engagierte sich als Spielanimateurin und Clown bei Kinderspielaktionen (Messen, Stadtfesten und Bibliotheken). Sie schreibt seit Jahren pädagogische Fachbücher und Artikel über die praktische Arbeit mit Kindern und ist Fortbildungsreferentin für ErzieherInnen im In- und Ausland. Sie lebt heute mit ihrem Mann im Allgäu.

Weitere Bücher aus dem Musikverlag Elba

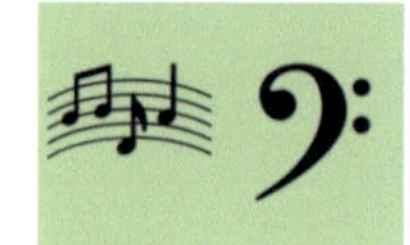

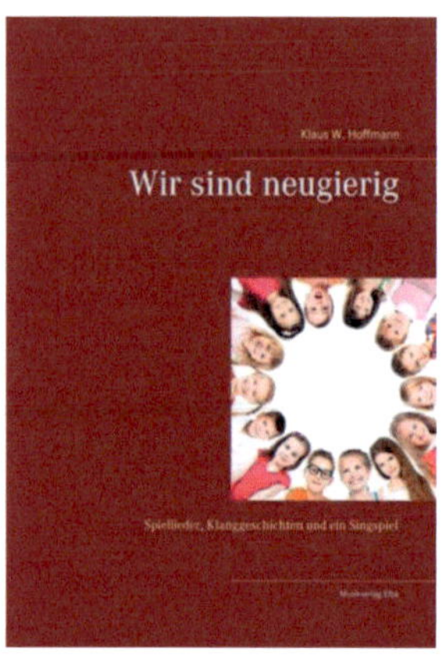

Klaus W. Hoffmann hat sie geschrieben und in diesem Buch versammelt: zahlreiche Spiellieder (Texte, Noten, Akkorde und Spielideen), Klanggeschichten und ein Singspiel.

Klaus W. Hoffmann
Wir sind neugierig
48 Seiten, DIN A4, 12,95 Euro
ISBN 978-3-9822266-0-6

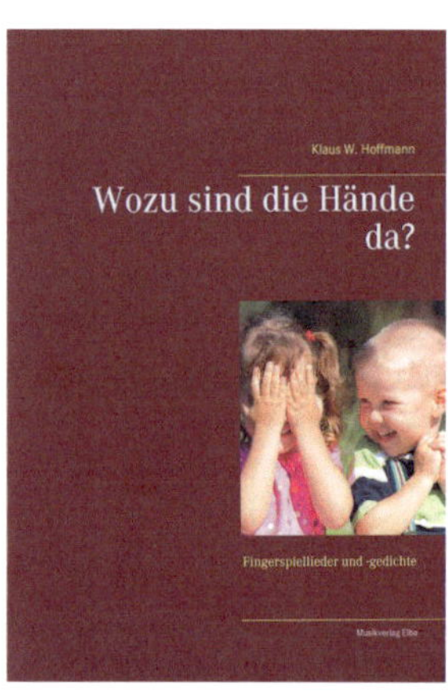

Klaus W. Hoffmann hat für dieses Buch zahlreiche Hand- und Fingerspielverse zusammengestellt, sie teilweise vertont und mit neuen Liedern und Gedichten dieser Art kombiniert. Und sie harmonieren gut miteinander, die alten und die neuen Reime.

Klaus W. Hoffmann
Wozu sind die Hände da?
32 Seiten, DIN A4, 9,99 Euro
ISBN 978-3-9822266-7-5

Und noch mehr Bücher hat der Musikverlag Elba veröffentlicht. Informationen auf www.musikverlagelba.de. Sie können über diese Verlags-Website, im örtlichen Buchhandel, aber auch bei zahlreichen Online-Buchhändlern gekauft werden.

Musikalben von Klaus W. Hoffmann beim Label HörNeuMusik

Diese drei „nichtphysischen“ CD enthalten alle Lieder des Buches „Meine beliebtesten Kinderlieder“.

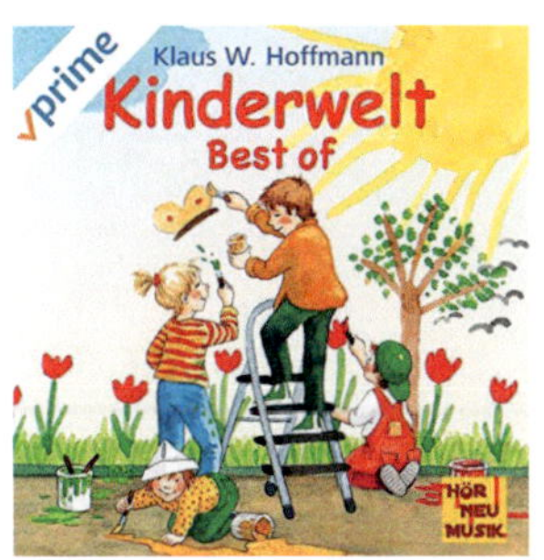

Auf dem Album „Kinderwelt“ sind sieben Lieder des Buches „Meine beliebtesten Kinderlieder“ zu hören:

- Wenn der Elefant in die Disco geht
- Der musikalische Wasserhahn
- Das Lied vom Anderssein
- Der Murmelentenmausefüßler
- Das Lied von den Gefühlen
- Das Lied von der Angst in der Nacht
- Das Bärenorchester

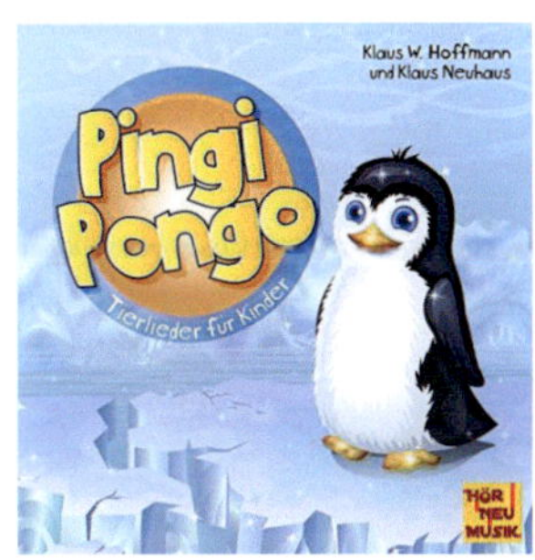

Auf dem Album „Pingi Pongo“ ist neben anderen Liedern natürlich auch das von Klaus W. Hoffmann gesungene Lied vom kleinen wasserscheuen Pinguin veröffentlicht worden.
Text, Noten und Spielideen im Buch „Meine beliebtesten Kinderlieder“.

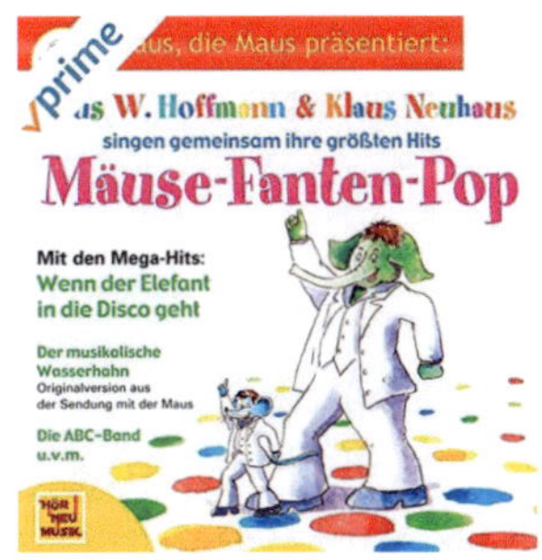

„Mäusefantenpop“ heißt das Album, das die bekanntesten Kinderlieder von Klaus W. Hoffmann und Klaus Neuhaus enthält. Darunter auch das von den beiden Liedermachern gesungene Lied „Winterschlaf“.
Text, Noten und Spielideen im Buch „Meine beliebtesten Kinderlieder“

Downloads der Lieder über:
www.hörneumusik.de

Musikalben mit Liedern von Klaus W. Hoffmann bei Oetinger Media GmbH

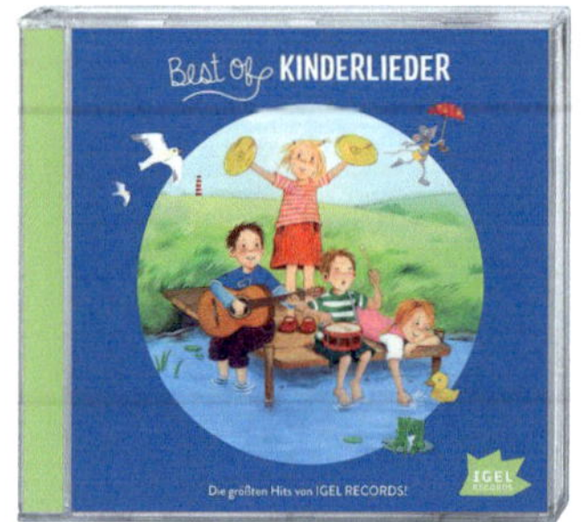

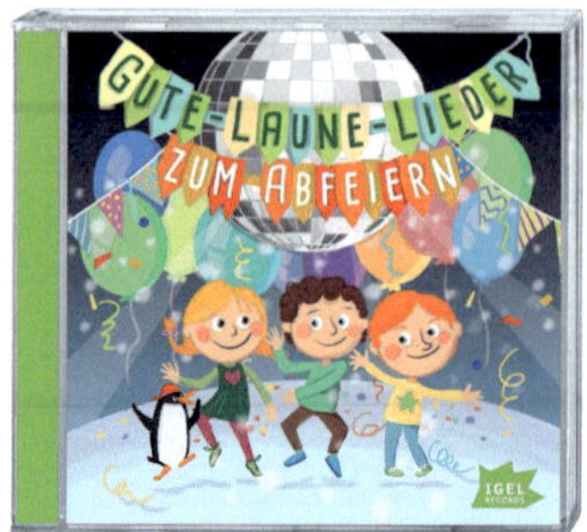

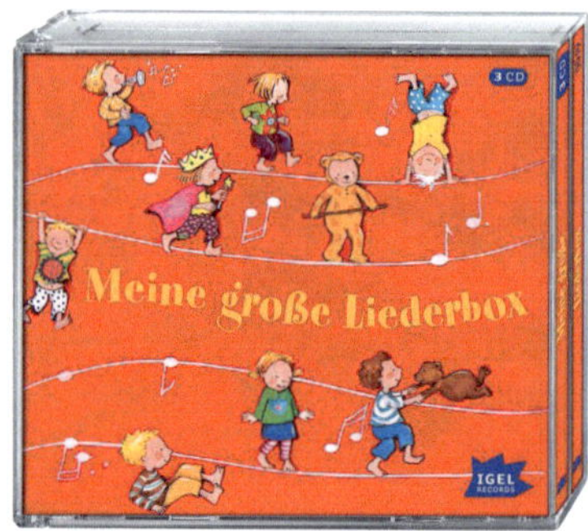

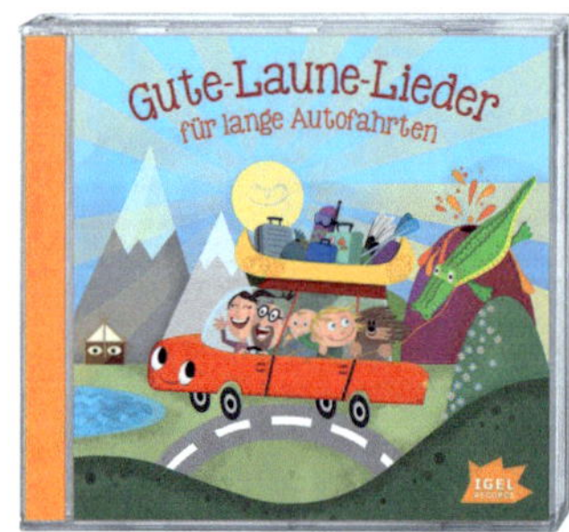

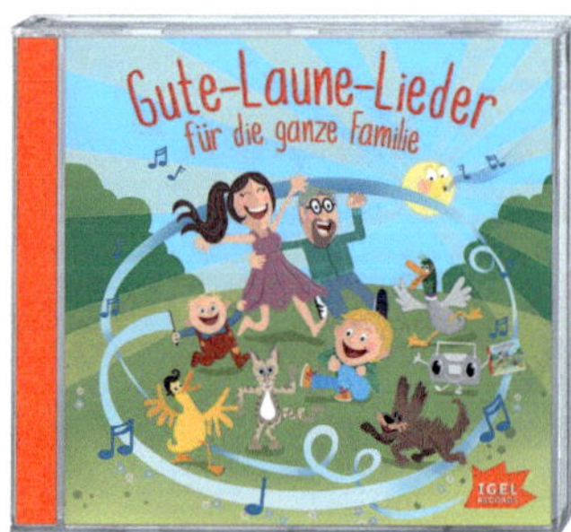

Die CD können über www.oetinger.de im örtlichen Buchhandel und bei Online-Händlern gekauft werden.